W0353626

Heike Jung

100 Bewegungs- und Entspannungsspiele für die Krippe

5-Minuten-Ideen für drinnen, draußen, zwischendurch und im Morgenkreis

Verlag an der Ruhr

Impressum

Titel

100 Bewegungs- und Entspannungsspiele für die Krippe

5-Minuten-Ideen für drinnen, draußen, zwischendurch und im Morgenkreis

Autorin

Heike Jung

Titelbildmotiv und Illustrationen

Anja Boretzki

Umschlaggestaltung

Magdalene Krumbeck

Innengestaltung

Dagmar und Torsten Lemme

Verlag an der Ruhr

Mülheim an der Ruhr

www.verlagruhr.de

Geeignet für Kinder von 1 – 4 Jahren

Unser Beitrag zum Umweltschutz:

Wir sind seit 2008 ein ÖKOPROFIT®-Betrieb und setzen uns damit aktiv für den Umweltschutz ein. Das ÖKOPROFIT®-Projekt unterstützt Betriebe dabei, die Umwelt durch nachhaltiges Wirtschaften zu entlasten. Unsere Produkte sind grundsätzlich auf chlorfrei gebleichtes und nach Umweltschutzstandards zertifiziertes Papier gedruckt.

ISBN 978-3-8346-2415-4

Druck: AZ Druck und Datentechnik GmbH, Kempten, DE

Inhaltsverzeichnis

Inhaltsverzeichnis

Ein paar Worte vorab

Liebe Leserin, lieber Leser,
seit vielen Jahren leite ich Turnkurse für Eltern und Kinder ab einem Jahr sowie Walderlebnisausflüge für 2- bis 4-Jährige. Auf diese Weise konnte ich vielfältige Erfahrungen bezüglich der Fähigkeiten und der Bedürfnisse von Kindern sammeln.
Mir ist besonders wichtig, dass Kinder Freude an der Bewegung haben, dass kein Leistungsdruck entsteht und dass die Kinder Zeit haben, auch eigene Ideen zu verwirklichen.

Zu diesem Buch
Die 100 Spiele in diesem Buch sind in vier Kapitel aufgeteilt: Spiele im Morgenkreis, Spiele mit Turn- und Spielgeräten, Spiele mit Alltagsmaterialien und Spiele für draußen. Alle Spiele sind so gestaltet, dass sie sowohl mit sehr wenigen als auch mit vielen Kindern durchgeführt werden können – deshalb gibt es keine Angaben hinsichtlich der Gruppengröße.

Spiele im Morgenkreis
Die Spiele im Morgenkreis sind unterteilt in Bewegungsgeschichten, Geschicklichkeitsübungen und Massagen. Wie viele Angebote Sie für einen Morgenkreis wählen und nach welchem Zeitraum Sie die Angebote wechseln, müssen Sie nach Ihrem Gefühl entscheiden. Nach meiner Erfahrung aus dem Eltern-und-Kind-Turnen mögen kleine Kinder hier das Vertraute und nicht allzu viel Abwechslung. Die Massagen eignen sich auch außerhalb des Morgenkreises als entspannender Abschluss, z. B. nach bewegungsintensiven Spielen.

Spiele mit Turngeräten/Spiele mit Alltagsmaterialien
Der Schwerpunkt dieses Buches liegt bei den Spielen mit Turn- und Spielgeräten und den Spielen mit Alltagsmaterialien. Sie können die einzelnen Spiele, die alle voneinander unabhängig sind, für ein paar Minuten jederzeit einsetzen. Es besteht aber auch die Möglichkeit, einen Gegenstand auszuwählen und mehrere Spiele hintereinander durchzuführen.

Ein paar Worte vorab

Die Spiellänge sollten Sie immer flexibel gestalten: Wenn Sie merken, dass ein Spiel besonders gemocht wird, erlauben Sie es den Kindern, länger zu spielen als geplant. Für den Fall jedoch, dass ein Spiel schnell uninteressant wird, sollten Sie noch ein weiteres Spielangebot im Hinterkopf haben.

Im Gegensatz zu den Spielen im Morgenkreis vertragen die Kinder meiner Erfahrung nach hier einige Abwechslung. Wenn Sie möchten, können Sie täglich einen neuen Gegenstand wählen. Ob Sie dabei alle Angebote zu diesem Gegenstand durchführen oder nur einen Teil, müssen Sie situationsbedingt entscheiden. Spiele, die bei den Kindern gut ankamen, können an einem anderen Tag wiederholt werden.

Spiele für draußen

Insbesondere bei den Lauf- und Fangspielen sind Sie selbst (zunächst) etwas gefordert. Kleine Kinder mögen es sehr, Erwachsene zu fangen oder von ihnen gefangen zu werden. Durch die Teilnahme eines Erwachsenen sind die Kinder motivierter, am Spiel teilzunehmen. Ist das Spiel den Kindern vertraut, kann Ihre Rolle auch ein Kind übernehmen.

Weitere organisatorische Hinweise finden Sie jeweils zu Beginn der Kapitel.

Viel Spaß beim Bewegen und Entspannen wünscht Ihnen von Herzen

Heike Jung

Spiele für den Morgenkreis

BEWEGUNGSGESCHICHTEN
GESCHICKLICHKEITSÜBUNGEN
MASSAGEN

Bei diesen Spielen sind keine Materialien erforderlich. Bei den Massagen und den Geschicklichkeitsspielen können Matten ausgelegt werden, falls kein Teppichboden vorhanden ist.

Beim Massieren ist es wichtig, dass Sie zunächst gemeinsam mit den Kindern eine Massage durchführen: Die Kinder können die entsprechenden Handgriffe gleich mitmachen. Ist die Massage bei einem Kind zu Ende, kann sich ein anderes Kind massieren lassen. Wahrscheinlich wollen alle Kinder einmal drankommen. Wenn die Kinder mit einem Massagespiel vertraut sind, können sie sich paarweise oder in Kleingruppen gegenseitig massieren.

Achten Sie darauf, dass die Kinder keine Bewegungen machen, die anderen wehtun. Bei der Massage sollte der Wirbelsäulenbereich ausgespart bleiben.

Ein kleiner, süßer Zwerg

Ausgangsposition
stehend im Kreis

So geht es

Vorsprechen	Mitmachen
Ein kleiner, süßer Zwerg steigt hoch auf einen Berg.	auf dem Platz die Knie im Wechsel anheben
Mit großen Schritten läuft er voran, bis er kaum mehr laufen kann.	große Schritte in die Kreismitte machen
Oben auf dem Berg schaut er sich um, eine tolle Aussicht um ihn herum.	Zeigefinger an die Stirn legen und sich im Kreis drehen
Fröhlich und munter steigt er wieder den Berg hinunter.	rückwärts aus der Kreismitte gehen
Hurra, der kleine Zwerg hat es geschafft! Jetzt will er tanzen – die ganze Nacht.	bei „Hurra“: Arme nach oben werfen und frei tanzen

Tipp
Zum Tanzen können Sie Musik auflegen, zu der sich die Kinder eine Zeit lang nach eigener Fantasie bewegen können (z. B. wippen, hin und her schaukeln, sich im Kreis drehen ...).

Die Elefanten begrüßen sich munter

Ausgangsposition
stehend im Kreis

So geht es

Vorsprechen	Mitmachen
Die Elefanten begrüßen sich munter.	den linken und rechten Nachbarn umarmen
Jetzt stampfen sie den Hang hinunter.	stampfend im Kreis gehen, evtl. einen Arm als Rüssel nach vorn halten
Plötzlich rennen sie los, ganz schnell, denn sie wollen zur Wasserstell'.	Tempo beschleunigen
Die Elefanten sind nicht faul und gießen sich viel Wasser ins Maul.	stehen bleiben, mehrmals einen Arm nach unten halten (schlürfen) und zum geöffneten Mund führen
Nun schwingen sie den Rüssel hin und her, das fällt ihnen gar nicht schwer.	einen Arm nach links und rechts schwingen
Die Elefanten fressen viele Blätter von den Bäumen, dann legen sie sich hin zum Träumen.	Arm mehrmals zum Mund führen, kauen, sich auf den Boden legen

Wir machen einen Waldausflug

Ausgangsposition
stehend

So geht es

Vorsprechen	Mitmachen
Wir machen einen Waldausflug. Auf einmal sehen wir ein Kaninchen. Schnell läuft es davon.	durcheinanderlaufen, Tempo beschleunigen
Wie schön, ein Eichhörnchen! Es hüpft von Ast zu Ast.	umherspringen, mit beiden Füßen gleichzeitig oder im Wechsel
Oh, seht, da oben! Eine Eule fliegt zwischen den Bäumen.	Zeigefinger deutet nach oben; durcheinanderlaufen, dabei Arme auf und ab bewegen
Plötzlich fängt es an, zu regnen. Es donnert sogar: bumm, bumm ...!	auf der Stelle trippeln, hochspringen und bei „bumm" auf den Füßen landen
Die Eule fliegt schnell in eine Baumhöhle.	„fliegen" wie oben, in der Hocke landen
Das Eichhörnchen hüpft flink in sein Nest.	kurz springen, in der Hocke landen
Das Kaninchen rennt schnell in seinen Bau.	kurz rennen, sich auf den Boden legen und Augen schließen

Die Schnecke ruht in ihrem Haus

Ausgangsposition
seitlich eingerollt auf dem Boden liegend

So geht es

Vorsprechen	Mitmachen
Die Schnecke ruht in ihrem Haus, *doch bald möchte sie in die Welt hinaus.*	sich langsam aufrichten
Ganz langsam kriecht die Schnecke *aus der Hecke.*	auf den Unterschenkeln langsam vorwärtsrutschen, evtl. ausgestreckte Zeigefinger als Fühler an den Kopf legen
Sie kriecht über Stock und über Stein, *dann frisst sie Blätter –* *ach, wie schmeckt das fein!*	wie eben; anhalten, kauen
Oh nein, dort krabbelt ein Igel! *Schnell kriecht die Schnecke auf den nächsten Hügel.*	mit dem Finger nach vorn deuten; schnell auf den Unterschenkeln vorwärtsrutschen
Nun verkriecht sich die Schnecke *in ihr Haus* *und die Geschichte ist aus.*	sich seitlich einrollen

Tipp
Erklären Sie den Kindern, dass Igel gerne Schnecken fressen. Die Bewegungsgeschichte kann frei oder in Kreisform durchgeführt werden. Bei der Kreisform rutschen die Kinder in die Kreismitte und kriechen nach dem Fressen wieder nach außen.

Fliegt ein Flugzeug übers Meer

Ausgangsposition
stehend im Kreis

So geht es

Vorsprechen	Mitmachen
Fliegt ein Flugzeug übers Meer ...	Arme seitlich auf und ab bewegen
... wackelt hin und wackelt her.	mit ausgebreiteten Armen nach links und rechts schwanken
Kommt ein leichter Wind ...	pusten
... fliegt das Flugzeug geschwind.	„durcheinanderfliegen" oder auf der Stelle stehend die Arme schnell auf und ab bewegen
Kommt ein großer Sturm ...	Sturm imitieren, z. B. wild mit den Armen fuchteln und passende Geräusche machen
... kippt das Flugzeug (hoffentlich nicht) um.	sich auf den Boden fallen lassen

Ein Storch steht auf einem Bein

Ausgangsposition
Die Kinder bilden einen Kreis und halten sich an den Händen.

So geht es

Vorsprechen	Mitmachen
Ein Storch steht auf einem Bein.	ein Bein hochheben – mit Seitenwechsel
Jetzt schwingt er das Bein vor und zurück.	erst das eine, dann das andere Bein vor und zurück schwingen
Nun streckt der Storch sein Bein nach hinten.	Bein nach hinten strecken, Oberkörper etwas nach vorn beugen
Oh, seht, eine Katze! Sie streckt gerade ihre Beine.	aus dem Vierfüßlerstand Arme und Beine strecken; auch: einen Arm und ein Bein gleichzeitig
Die Katze liegt auf dem Rücken. Sie wälzt sich.	auf dem Rücken liegend nach links und rechts rollen
Nun streckt sie ihre Beine und winkelt sie wieder an. Das macht Spaß!	Arme und Beine strecken und anwinkeln
Fröhlich läuft die Katze über die Wiese.	auf allen vieren durcheinanderlaufen

Durch einen Tunnel krabbeln

So geht es

Die Kinder stellen sich mit gegrätschten Beinen hintereinander auf, sodass ein langer Tunnel entsteht. Das hinterste Kind krabbelt nun durch die Beine der anderen Kinder hindurch und stellt sich dann mit gegrätschten Beinen vor das vorderste Kind. Dann schlüpft das hinterste Kind durch usw.

Variante 1
Jedes Kind spielt während des Hindurchkrabbelns ein Tier und gibt entsprechende Laute von sich (z. B. Löwe, Bär, Kuh, Frosch ...).

Variante 2
Die Kinder krabbeln rückwärts hindurch.

Variante 3
Weitere Tunnel bilden: Zwei Kinder legen sich mit etwas Abstand gegenüber auf den Rücken, heben die Beine und legen ihre Füße aneinander. Die anderen Kinder reihen sich daneben, sodass alle einen Tunnel bilden.
Ein leichterer Tunnel kann z. B. gebildet werden, indem sich die Kinder paarweise gegenüberstehen oder sich gegenüberknien und sich die Hände reichen.

Wie eine Ente watscheln

So geht es

Bei den folgenden Übungen bewegen sich die Kinder auf ungewohnte Weise fort:

- *wie eine Katze schleichen*
  im Vierfüßlerstand „schleichen“, indem der linke Arm und das linke Knie gleichzeitig angehoben werden; anschließend der rechte Arm und das rechte Knie
- *wie ein Hund auf Händen und Füßen gehen*
- *wie eine Spinne krabbeln*
  auf Händen und Füßen gestützt gehen, der Bauch zeigt nach oben
- *wie ein Regenwurm oder eine Schlange auf dem Bauch kriechen*
- *wie eine Ente in der Hocke watscheln*
  Hände als Hilfe auf den Boden aufsetzen
- *wie ein Hase springen*
  Hände nach vorn aufsetzen, Füße hinterherziehen; falls dies zu schwer sein sollte: Hände auf den Boden legen, mit beiden Beinen mehrmals hintereinander etwas in die Luft springen
- *wie ein Baumstamm rollen*
  auf dem Boden liegend rollen, Arme nach oben strecken

Tipp
Die Kinder können sich bei der letzten Übung auch gegenseitig rollen.

Auf zwei Pferden reiten

So geht es

Zwei Kinder spielen die Pferde und nehmen nebeneinander (ohne Lücke) den Vierfüßlerstand ein. Ein weiteres Kind spielt den Reiter, welcher auf unterschiedliche Weise auf den Pferden reiten kann:

- *mit dem Bauch nach unten*
  Der Reiter legt sich quer auf die „Pferde“ und lässt sich ein Stückchen transportieren.

- *kniend*
  Der Reiter kniet im Vierfüßlerstand auf den Pferden, je ein Knie ist im Hüftbereich eines Pferdes aufgelegt. Die linke Hand liegt auf dem Rücken des linken und die rechte Hand auf dem Rücken des rechten Pferdes.

- *stehend*
  Bei dieser Übung bedarf es einer guten Hilfestellung durch die Betreuer: Der Reiter stellt sich mit Ihrer Hilfe mit je einem Fuß auf die Hüften der „Pferde“. Seitlich steht je ein Betreuer, der den Reiter am Arm hält, damit er das Gleichgewicht nicht verliert. Schafft es der Reiter, ein Stück zu „reiten“?

Das sollten Sie beachten

Die Körper der Pferde müssen immer nebeneinander sein, sie müssen also in der gleichen Geschwindigkeit gehen. Ein Betreuer könnte langsam vorankrabbeln, damit kein Pferd „davongaloppieren“ kann.

Ameisen krabbeln auf eine Blume

Ausgangsposition
Das Kind, welches massiert wird, sitzt auf dem Boden; zwei bis vier Kinder knien mit Ihnen links und rechts von ihm.

So geht es

Vorsprechen	Mitmachen
Viele Ameisen krabbeln am Boden.	mit den Fingern über den Körper des Kindes krabbeln
Nun gehen sie eine Blume hoch.	mit den Fingern zum Kopf „laufen“
Jetzt krabbeln die Ameisen die Blume wieder hinunter.	zu den Füßen krabbeln
Auf einmal fängt es an, zu regnen.	mit den Handflächen im Wechsel auf den Körper des Kindes trommeln
Schnell krabbeln die Ameisen in ihr Nest.	Finger unter das Oberteil des Kindes schieben und über seinen Rücken krabbeln

Tipp
Die Massage kann auch auf Stühlen sitzend durchgeführt werden.

Der Bär ist aufgewacht

Ausgangsposition
Etwa sechs Kinder knien mit Ihnen um ein liegendes Kind, welches massiert wird.

So geht es

Vorsprechen	Mitmachen
Der Bär ist soeben aufgewacht, schnell läuft er zum Bach.	mit den Fingern über den Körper „gehen“
Er plantscht im Bach recht munter und rutscht einen Fels hinunter.	mit beiden Händen über den Körper streichen
Er schnappt sich Fische hier und dort und verschlingt sie vor Ort.	mit den Fingern am Körper zupfen, „kauen“
Satt und müde geht er nach Haus und jetzt ist die Geschichte aus.	mit den Fingern über den Körper „gehen“

Plätzchen backen

Ausgangsposition
Das zu massierende Kind liegt auf dem Bauch, ca. sechs Kinder knien mit Ihnen um das liegende Kind.

So geht es

Vorsprechen	Mitmachen
Zuerst machen wir den Teig: Wir geben Butter, Eier, Zucker und Mehl in eine Schüssel.	mit der flachen Hand bei der Nennung jeder Zutat auf den Körper des liegenden Kindes drücken
Dann kneten wir den Teig.	mit beiden Händen Muskeln des liegenden Kindes „kneten“
Nun rollen wir den Teig aus.	mit den Fäusten vor- und zurückstreichen
Jetzt stechen wir Plätzchen aus: ein Herz, einen Mond, einen Stern ...	mit der Hand oder der Faust an verschiedenen Stellen drücken
Wir schieben die Plätzchen in den Backofen.	Hände unter das Oberteil bzw. das Hosenbein des liegenden Kindes schieben
Oh, die Plätzchen sind fertig! Wir holen sie aus dem Backofen und probieren sie. Mmh, lecker!	Hände hervorholen, mit den Fingern am Körper des Kindes zupfen, Essgeräusche machen

Ein Frosch hüpft fröhlich umher

Ausgangsposition
Das Kind, welches massiert wird, liegt auf dem Rücken, ca. sechs Kinder knien mit Ihnen um das liegende Kind.

So geht es

Vorsprechen	Mitmachen
Ein Frosch hüpft fröhlich umher, das gefällt ihm sehr.	mit den Fingern auf dem Körper des Kindes hüpfen, dabei laut quaken
Nun taucht er munter bis auf den Grund hinunter.	mit beiden Händen Schwimmbewegungen machen
Jetzt schwimmt der Frosch wieder hinauf, die Sonne scheint ihm auf den Bauch.	wie eben und die Hände auf den Bauch des Kindes legen
Hungrig frisst er Fliegen hier und dort ...	mit den Fingern am Körper des Kindes zupfen, „kauen“
... und schon hüpft er wieder fort.	mit den Fingern auf dem Rücken hüpfen, dabei laut quaken

Eine wunderschöne Blume

Ausgangsposition
Das Kind, welches massiert wird, spielt im Stehen eine Blume; zwei bis vier Kinder stehen mit Ihnen hinter der „Blume".

So geht es

Vorsprechen	Mitmachen
Eine wunderschöne Blume steht auf der Wiese.	mit den Händen über den Rücken und die Beine des Kindes streichen
Ein Schmetterling fliegt über die Blume.	die Arme des Kindes anfassen und sanft nach oben und unten führen
Viele kleine Käfer krabbeln über die Blume.	mit den Fingern über Rücken und Beine krabbeln
Ein leichter Wind kommt auf. Die Blume schaukelt hin und her.	die Hände auf den Körper des Kindes auflegen und die „Blume" ein wenig nach links und rechts schaukeln
Die Sonne kommt hervor und erwärmt die Blume.	mit den Händen über den Rücken und die Beine streichen

Ein Hund geht baden

Ausgangsposition
Ein Kind spielt den Hund und nimmt den Vierfüßlerstand ein. Zwei bis sechs Kinder knien mit Ihnen um den Hund herum.

So geht es

Vorsprechen	Mitmachen
Tommy, der kleine Hund, hat sich heute beim Spielen sehr schmutzig gemacht. Tommy muss deshalb in die Badewanne gehen.	
Als Erstes spritzen wir Tommys Fell nass.	mit der Hand über den Körper des Kindes gleiten und entsprechende Wassergeräusche nachmachen
Nun verteilen wir das Haarwaschmittel auf dem nassen Fell.	mit den Händen in kreisenden Bewegungen über den Körper streichen
Das Haarwaschmittel muss wieder ausgewaschen werden.	mit der Hand über den Körper gleiten und die Wassergeräusche nachmachen
Nun kämmen wir das Fell.	mit gespreizten Fingern am Körper des Kindes entlangfahren
Mit einem Handtuch rubbeln wir Tommys Fell trocken. Als Belohnung bekommt er einen Hundekeks.	den Körper des Kindes abrubbeln, Finger vor seinen Mund halten oder einen echten Keks zum Essen geben

Spiele mit Turn- und Spielgeräten

REIFEN
BÄLLE
SEILE
SCHWUNGTUCH
LUFTBALLONS
STOFFTIERE
MATRATZEN

Für die meisten Spiele in diesem Kapitel benötigen Sie einen größeren Bewegungsraum oder eine Turnhalle. Ob Sie mit allen Kindern gleichzeitig oder mit jeweils kleineren Gruppen nacheinander die Spiele durchführen, hängt von der Anzahl der Kinder, der Größe des Raumes und der Anzahl der Betreuer ab; das müssen Sie also situationsbedingt entscheiden.

Jüngeren Kindern, die noch nicht gehen können, oder Kindern, für die das angebotene Spiel zu schwierig ist, können Sie für die Zeit des Spielens jeweils passende Materialien zur selbstständigen Beschäftigung anbieten.

Such dir eine Hundehütte!

Das brauchen Sie dafür
pro Kind einen Reifen, Musik

So geht es

Legen Sie die Reifen mit etwas Abstand voneinander auf den Boden. Nachdem Sie die Musik eingeschaltet haben, krabbeln die Kinder als „Hunde" zwischen die Reifen. Nach einiger Zeit schalten Sie die Musik aus und rufen: „Such dir eine Hundehütte!" Daraufhin krabbeln die Kinder in die ausgelegten Reifen; dabei ist es egal, ob nur ein Kind in einem Reifen ist oder ob zwei bis drei Kinder hineinkrabbeln.

Variante 1
Die Kinder gehen paarweise hintereinander in den Vierfüßlerstand. Das hintere Kind fasst das vordere Kind an den Knöcheln und beide krabbeln im selben Laufrhythmus vorwärts (eventuell vorher ohne Musik üben.) Auf den Ruf hin „Such dir eine Hundehütte!" krabbeln die Kinder in die Reifen.

Variante 2
Als Ausgleich zum vielen Krabbeln gehen die Kinder paarweise zusammen und spielen „Pferdchen". Hierfür schlüpft ein Kind als Pferdchen in den Reifen und hält diesen mit beiden Händen fest. Das andere Kind spielt den Kutscher und hält den Reifen von hinten.

Mit dem Motorrad unterwegs

Das brauchen Sie dafür
pro Kind einen Reifen und einen Ball

So geht es

Die Kinder fassen den Reifen mit beiden Händen an und schieben ihn durch den Raum (= Motorrad fahren). Geben Sie zwischendurch Anregungen, wie das Motorrad fahren kann, z. B.:

- sehr langsam fahren
- sehr schnell fahren
- viele Kurven hintereinander fahren
- im Kreis fahren
- rückwärtsfahren

Variante 1
Die Kinder legen einen Ball vor den Reifen und schieben diesen mit dem Reifen an.

Variante 2
Den Ball in den Reifen legen und den Reifen zu sich herziehen, dabei rückwärtsgehen.

Wechsel das Häuschen!

Das brauchen Sie dafür
pro Kind einen Reifen

So geht es

Legen Sie die Reifen mit etwas Abstand voneinander auf den Boden. Jedes Kind stellt sich in einen Reifen (= Häuschen). Nun rufen Sie: „Wechsel das Häuschen!" Daraufhin laufen die Kinder zu irgendeinem anderen Reifen.
Nachdem etwa dreimal gewechselt wurde, sollen die Kinder als ein bestimmtes Tier das Häuschen wechseln. Rufen Sie ihnen zu: „Wechselt das Häuschen als ...!" (Schmetterling, Frosch, Elefant, Kuh, Hase, Ziege, Maus, Löwe ...) Die Kinder ahmen während des Laufens das entsprechende Tier nach – eventuell auch die passenden Tierlaute – und stellen sich in einen anderen Reifen.

Variante
Fragen Sie die Kinder, in welches Tier sie sich verwandeln möchten.

Roll, Reifen, roll!

Das brauchen Sie dafür
pro Kind einen Reifen

So geht es

Zur Demonstration: Geben Sie einem Reifen einen Schubs, sodass er einige Meter durch den Raum rollt. Laufen Sie sofort hinterher und fangen Sie den Reifen.
Nun sind die Kinder der Reihe nach dran. Rollen Sie nacheinander für jedes Kind einen Reifen, der verfolgt und gefangen werden soll. Anschließend bringen die Kinder ihre Reifen zu Ihnen zurück. Ältere Kinder können versuchen, selbst einen Reifen ins Rollen zu bringen.

Variante
Stellen Sie einen Reifen senkrecht auf den Boden und drehen ihn schwungvoll in eine Richtung, sodass er wie ein Kreisel kreist (Rechtshänder drehen nach rechts, Linkshänder nach links). Die Kinder sehen interessiert zu, wie er immer niedriger kreist und schließlich auf dem Boden landet.
Kreisen Sie und am besten ein weiterer Betreuer für jedes Kind einen Reifen. Kurz bevor der Reifen auf dem Boden zum Stillstand kommt, können die Kinder hineinspringen, darauf steigen oder den Reifen mit der Hand festhalten.

Triff in den Reifen!

Das brauchen Sie dafür

2 Langbänke, ca. 5 Reifen mit Reifenhaltern, einen höheren Kasten, Wurfgegenstände (z. B. Säckchen und/oder Bälle), evtl. Seile

So geht es

Stellen Sie zwei Langbänke so auf, dass sich die Schmalseiten berühren, und stellen Sie ca. fünf Reifen in Reifenhaltern darauf. Die Kinder stehen, mit Säckchen und/oder Bällen in den Händen, davor. Nun versuchen die Kinder, ihre Wurfgegenstände durch die Reifen zu werfen. Für ältere Kinder können Seile auf den Boden gelegt werden, die beim Werfen nicht überschritten werden dürfen.

Variante

Einen Reifen mit Halter auf einen höheren Kasten stellen. Den Reifen am besten festhalten, damit er nicht umkippt, falls die Kinder ihn treffen. Kinder mögen die Herausforderung, besonders hoch zielen zu müssen.

Tipp

Damit die Bälle nicht zu weit wegrollen, könnten Bänke und Kasten mit etwas Abstand zu einer Wand aufgestellt werden.

Durch die Mäusehöhle krabbeln

Das brauchen Sie dafür
12 bis 15 Reifen in Reifenhaltern, Matten, ein größeres Handtuch, eine Decke, ein Schwungtuch

So geht es

Legen Sie Matten auf den Boden und errichten Sie darauf verschiedene „Höhlengänge", durch die die Kinder krabbeln können:

Mäusehöhle
Zwei oder drei Reifen in Reifenhaltern mit etwas Abstand hintereinander aufstellen und ein größeres Handtuch darüberlegen.

Kaninchenhöhle
Vier oder fünf Reifen in Reifenhaltern mit etwas Abstand hintereinander aufstellen und eine Decke darüberlegen.

Bärenhöhle
Sechs oder sieben Reifen in Reifenhaltern mit etwas Abstand hintereinander aufstellen und ein Schwungtuch darüberlegen.

Wir spielen Fußball

Das brauchen Sie dafür
pro Kind einen Ball, eine Matte (oder 2 Matten), Küchenpapierrollen

So geht es

Lehnen Sie ein oder zwei Matten als „Fußballtore" an die Wand. Ca. 8–10 m entfernt stellen sich die Kinder mit einem Ball nebeneinander auf. Aufgabe ist es, mit dem Fuß den Ball in Richtung Tor zu kicken und auf ein Tor zu schießen. Jüngere Kinder können den Ball mit den Händen zum Tor tragen und auf das Tor werfen.

Variante 1
Die Kinder schieben den Ball mit einer Küchenpapierrolle vorwärts und schießen damit Tore (Hockey).

Variante 2
Stellen Sie sich als Torwart vor die Matte und halten Sie herankommende Bälle. Ob die Kinder dabei Handball-, Fußball- oder Hockeyspieler sind, können sie selbst entscheiden.

Lasst die Bälle rollen!

Das brauchen Sie dafür
eine Langbank, eine Schachtel, einen Kriechtunnel, Matten, 2 Decken

So geht es

Stellen Sie am Ende einer Langbank eine Schachtel auf den Boden. Die Kinder versuchen nun, ihren Ball mit einer Hand oder mit beiden Händen über die Bank zu rollen. Am Ende der Bank fällt der Ball in die Schachtel.

Variante 1
Legen Sie einen Kriechtunnel aus. Die Kinder rollen ihren Ball kriechend durch den Tunnel.

Variante 2
Legen Sie zwei zusammengelegte Decken übereinander auf den Boden und eine Matte so darüber, dass eine schiefe Ebene entsteht. Die Kinder rollen ihren Ball mit Schwung „den Berg" hoch und beobachten, wie er am anderen Ende hinunterfällt.

Variante 3
Einige Kinder legen sich eng nebeneinander auf Matten. Die anderen Kinder rollen ihren Ball über die Körper der liegenden Kinder.

Durch den Reifen werfen

Das brauchen Sie dafür
Bälle, 2 Reifen

So geht es

Legen Sie die Bälle auf den Boden. Halten Sie nun die Reifen links und rechts von Ihnen in unterschiedlicher Höhe (sollte es zu anstrengend werden, kann ein weiterer Betreuer helfen). Die Kinder nehmen einen Ball in die Hand, stellen sich vor einen der Reifen und versuchen, ihren Ball durch den Reifen zu werfen. Jüngere Kinder werden eher den niedrigeren Reifen wählen, ältere Kinder den höheren.

Variante
Drei bis fünf Kinder stellen sich mit etwas Abstand voneinander und mit jeweils einem Ball in der Hand in eine Reihe. Nachdem Sie „Achtung – fertig – los!" gerufen haben, rollen Sie einen Reifen nahe an den Kindern vorbei. Die Kinder versuchen, ihren Ball durch den rollenden Reifen zu werfen.

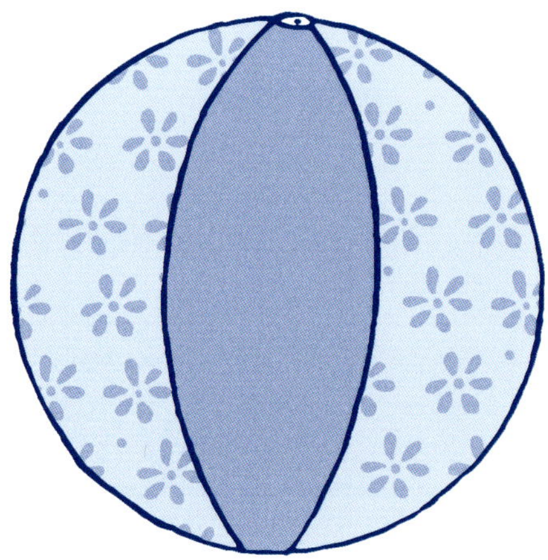

Bälle rollen durch einen Tunnel

Das brauchen Sie dafür

Bälle, 2 Langbänke, 2 feste Matten; evtl. zusätzlich 2 kleine Kästen und eine weitere Matte

So geht es

Stellen Sie zwei Langbänke mit etwas Abstand voneinander parallel auf den Boden. Der Abstand zwischen den Bänken muss der Längsseite der Matten entsprechen. Nun legen Sie zwei Matten nebeneinander quer auf die Bänke, sodass ein Tunnel entsteht. Die Kinder verteilen sich auf beide Seiten des Tunnels und rollen sich die Bälle unter den Matten hindurch zu.

Tipp

Für jüngere Kinder können Sie einen kurzen Tunnel bauen. Legen Sie hierfür eine Matte quer auf zwei kleine Kästen (etwa in Kniehöhe eines Erwachsenen). Hier können die Jüngeren hindurchkrabbeln, ohne die anderen beim Rollen der Bälle zu behindern.

Lauf schnell fort an einen anderen Ort!

Das brauchen Sie dafür
(weiche) Bälle, eine große Tragetasche mit Henkeln

So geht es

Legen Sie möglichst viele Bälle in eine große Tragetasche und hängen Sie sich einen Henkel über die Schulter. Die Kinder stehen vor Ihnen. Rufen Sie nun: „Lauft schnell fort an einen anderen Ort!" Daraufhin rennen die Kinder vor Ihnen weg. Sie laufen einem oder mehreren Kindern hinterher, während Sie einen Ball aus der Tasche nehmen und versuchen, ein Kind zu treffen.
Spielen Sie das Spiel so lange, bis zumindest jedes Kind einmal verfolgt oder auch getroffen wurde. Ist die Tasche leer, sammeln die Kinder die Bälle wieder ein und stecken sie zurück in die Tasche.

Kegeln, das macht Spaß!

Das brauchen Sie dafür
pro Kind einen Ball; leere Plastikflaschen (oder Küchenpapierrollen), Sprossenwand (oder Kasten), eine Langbank

So geht es

Hängen Sie das eine Ende einer Bank in Schulterhöhe der Kinder in die Sprossenwand (oder in einen Kasten) ein und legen Sie die Bälle am besten in eine Schachtel daneben. Vor die Bank stellen Sie eine leere Plastikflasche (oder eine Küchenpapierrolle) auf den Boden. Ein Kind holt sich nun einen Ball aus der Schachtel und lässt ihn auf der Bank hinunterrollen. Trifft der Ball die Flasche?

Tipp
Stellen Sie als zusätzliche Beschäftigung einige Plastikflaschen (oder Küchenpapierrollen) auf den Boden und Bälle daneben. Die Kinder können versuchen, eine einzelne oder mehrere Flaschen bzw. Rollen, die zusammenstehen, zu treffen.

Das Flugzeug hebt ab

Das brauchen Sie dafür
pro Kind ein Seil

So geht es

Geben Sie jedem Kind ein Seil. Erzählen Sie folgende Geschichte und führen Sie die entsprechenden Bewegungen mit den Kindern aus:

Vorsprechen	Mitmachen
Wir sind am Flughafen und steigen ins Flugzeug ein.	Seil – evtl. doppelt nehmen – mit beiden Händen schulterbreit festhalten
Das Flugzeug rollt über die Startbahn, immer schneller rollt es.	mit dem Seil in Hüfthöhe erst langsam gehen, dann schneller geradeaus laufen
Jetzt hebt das Flugzeug ab. Hui, immer höher steigt es!	Hände beim Laufen über den Kopf halten
Ein starker Wind kommt auf. Das Flugzeug wackelt.	beim Laufen – oder im Stehen – Arme nach links und rechts bewegen
Der Wind hat nachgelassen, das Flugzeug fliegt wieder schneller.	Hände beim Laufen über den Kopf halten
Achtung, das Flugzeug landet. Alle steigen wieder aus.	Arme herunternehmen, kurz weiterlaufen, in der Hocke landen

Fang das Hasenschwänzchen!

Das brauchen Sie dafür
pro Kinderpaar ein Seil, 2 oder 3 Seile für Sie

So geht es

Um zu demonstrieren, wie das Spiel geht, stecken Sie ein Seil als „Hasenschwänzchen" in die Rückseite Ihrer Hose und „traben" durch den Raum. Die Kinder verfolgen Sie und versuchen, das Schwänzchen herauszuziehen. Sie können sich auch zwei oder drei Seile in die Hose stecken.
Ältere Kinder können paarweise das Spiel durchführen. Bei jüngeren Kindern sollten Sie selbst und am besten noch ein weiterer Betreuer mitspielen.

Variante
Nehmen Sie ein Seil in jede Hand. Die Enden liegen auf dem Boden. Ahmen Sie nun mit ihnen zwei Schlangen nach, indem Sie die Hände schnell nach links und rechts bewegen. Während Sie dabei rückwärtsgehen, versuchen die Kinder, auf ein „Schlangenschwänzchen" mit einem Fuß zu steigen. Ältere Kinder können paarweise das Spiel durchführen.

Das sollten Sie beachten
Achten Sie bei beiden Spielen darauf, dass auch langsamere oder ungeschickte Kinder Erfolg haben, eventuell mit diesen auch einmal alleine spielen.

Mit dem Hund spazieren gehen

Das brauchen Sie dafür
pro Paar ein Seil; Kissen, Decken und/oder Matratzen; eine Langbank

So geht es

Die Kinder bilden Paare. Ein Kind spielt den Hund und geht in den Vierfüßlerstand, das andere Kind spielt den Hundebesitzer. Das Seil wird an den Enden zu einer Schlaufe verknotet und als Hundeleine dem „Hund" um den Oberkörper gelegt. Der Hundebesitzer ergreift das Seil und führt seinen Hund spazieren.
Das verknotete Seil sieht zwar nicht wie eine echte Hundeleine aus, aber die Kinder können eine Schlaufe besser halten als nur eine Schnur.

Variante 1
Legen Sie Kissen, Decken und/oder Matratzen aus, über die die Hunde gehen.

Variante 2
Den Hund an der Leine über eine Langbank führen.

Im Spinnennetz

Das brauchen Sie dafür
möglichst viele Seile

So geht es

Legen Sie die Seile auf den Boden so über Kreuz, dass Kästchen entstehen (= Spinnennetz). Die Kästchen sollten so groß sein, dass die Kinder gut auf beiden Füßen stehen können. Nun bewegen sich die Kinder als „Spinnen" im Netz, sie können über die „Fäden" steigen oder springen.

Variante 1
Die Kinder versuchen, auf den Seilen zu balancieren.

Variante 2
Erzählen Sie den Kindern, dass Spinnen z.B. Fliegen fressen, wenn sich diese im Spinnennetz verheddern. Wer möchte, kann nun eine Fliege spielen und sich mit den Seilen etwas einwickeln lassen.

Das sollten Sie beachten
Wenn sich Kinder mit den Seilen einwickeln lassen, Hals- und Kopfbereich unbedingt aussparen.

Drunter und drüber

Das brauchen Sie dafür
ein langes Seil (oder mehrere kurze Seile aneinandergeknotet); pro Kind einen Ball

So geht es

Legen Sie ein langes Seil quer in die Mitte des Raumes. Die Kinder stellen sich einige Meter vom Seil entfernt (am Ende des Raumes) nebeneinander auf. Nun geben Sie das folgende Kommando:

Vorsprechen	Mitmachen
Auf die Plätze –	Arme ausbreiten
fertig –	Arme etwas heben
los!	über dem Kopf in die Hände klatschen

Daraufhin laufen die Kinder zum Seil, heben es hoch, schlüpfen hindurch und rennen auf die andere Seite des Raumes. Dort drehen sie sich mit dem Gesicht zum Seil, eine neue Runde startet.

Variante 1
Die Kinder laufen mit einem Ball in der Hand auf das Seil zu, werfen ihn zuerst darüber, um dann hindurchzuschlüpfen.

Variante 2
Sie können mit einem Betreuer oder einem Kind das Seil ein Stück vom Boden anheben, sodass die Kinder darunter krabbeln oder darüber steigen können.

Wir fahren mit dem Zug

Das brauchen Sie dafür
ein langes Seil (oder mehrere aneinandergeknotete Seile), eine Matte, evtl. eine Pfeife

So geht es

Legen Sie eine Matte als „Bahnhof" auf den Boden und ein langes Seil daneben. Die Kinder nehmen das Seil in die rechte Hand. Sie stellen sich an die Spitze des Zuges, gehen voraus und sprechen folgenden Text:

Vorsprechen	Mitmachen
Bitte alle einsteigen! Die Türen werden geschlossen, der Zug fährt los.	selbst oder mit einer Pfeife pfeifen, langsam vorwärtslaufen
Der Zug fährt etwas schneller.	Tempo ein wenig beschleunigen
Achtung, der Zug fährt durch einen Tunnel!	beim Laufen etwas bücken
Der Zug fährt einen Berg hinauf … und wieder hinunter.	Seil hochhalten, dann wieder senken
Der Zug fährt gleich in den Bahnhof ein. Wer möchte aussteigen?	zur Matte laufen, anhalten und die Kinder, die eine Runde aussetzen möchten, „aussteigen" lassen; sie warten auf der Matte, bis der Zug wiederkommt, dann können sie wieder einsteigen

Tipp
Besonders interessant ist es, wenn ein weiterer Zug – oder auch zwei weitere Züge – durch den Raum fahren und man ab und zu ausweichen muss.

Ein Frosch schläft in der Sonne

Das brauchen Sie dafür
ein Schwungtuch

So geht es

Legen Sie das Schwungtuch als „Teich" auf den Boden. Die Kinder spielen Frösche und setzen sich um den Teich herum. Erzählen Sie folgende Geschichte und führen Sie mit den Kindern die entsprechenden Bewegungen aus:

Vorsprechen	Mitmachen
Ein Frosch schläft in der Sonne.	mit geschlossenen Augen um den Teich hocken
Plötzlich erwacht der Frosch und hüpft durch das Gras.	Augen öffnen, um den Teich herum hüpfen, quaken
Fröhlich springt er ins Wasser und schwimmt umher.	auf das Schwungtuch springen, Schwimmbewegungen machen
„Sss…" – eine Fliege schwirrt um seinen Kopf.	mit der Hand um den eigenen Kopf „fliegen" und „sss" rufen
Der Frosch streckt seine lange Zunge heraus und schnappt die Fliege.	Mund öffnen, Zunge herausstrecken, Mund schließen; beliebig oft wiederholen
Satt und zufrieden hüpft der Frosch durch das Gras.	um den Teich hüpfen und quaken

Ameisen krabbeln im Ameisenhaufen

Das brauchen Sie dafür
ein Schwungtuch, Musik, evtl. ein paar Kissen

So geht es

Legen Sie das Schwungtuch als „Ameisenhaufen" in die Mitte des Raumes. Nachdem Sie die Musik eingeschaltet haben, krabbeln die Kinder als „Ameisen" um das Schwungtuch.
Nach einiger Zeit schalten Sie die Musik aus und rufen: „Die Ameisen krabbeln in ihren Ameisenhaufen!" Daraufhin krabbeln die Kinder unter das Tuch. Nach einiger Zeit wird die Musik wieder eingeschaltet, dann kommen die Kinder wieder hervor und krabbeln wieder um das Tuch usw.

Tipp
Damit das Krabbeln um das Schwungtuch interessanter ist, können Sie ein paar Kissen auf den Boden legen, über die die Kinder krabbeln.

Ein Sturm kommt auf

Das brauchen Sie dafür
ein Schwungtuch

So geht es

Die Kinder stellen sich mit Ihnen um das Schwungtuch und halten es mit beiden Händen fest. Zu der folgenden Geschichte wird das Wetter nachgeahmt:

Vorsprechen	**Mitmachen**
Es ist früher Morgen und es beginnt, zu regnen.	mit den Füßen trippeln
Immer stärker regnet es.	wie oben, nur schneller
Es kommt ein richtiger Sturm auf!	Schüttelbewegungen mit den Händen machen
Jetzt donnert es!	mehrmals mit beiden Beinen hochspringen und bei der Landung „bumm!" rufen
Der Sturm lässt wieder nach. Ein leichter Wind weht noch.	Arme nach oben und unten führen, am besten nach dem Kommando „hoch" bzw. „tief"
Wie schön! Bald scheint die Sonne wieder. Tut das gut ...	Schwungtuch senken, die Kinder legen sich darauf, als „warmer Sonnenstrahl" den Kindern über die Körper streichen

Der Wind weht über euch geschwind

Das brauchen Sie dafür
ein Schwungtuch

So geht es

Etwa die Hälfte der Kinder steht verteilt um das Schwungtuch und hält es mit beiden Händen fest. Sie selbst knien am besten. Die anderen Kinder setzen sich unter das Schwungtuch. Das Tuch wird nun dicht über ihre Köpfe gehalten.

Nachdem Sie gerufen haben: „Ein Wind weht über euch geschwind!", schütteln alle kräftig das Tuch. Nach einiger Zeit rufen Sie: „Der Wind hört auf, die Wolken verziehen sich langsam".

Daraufhin hören die Kinder auf, zu schütteln, und schwingen das Tuch im Wechsel einige Male nach oben und nach unten. Am besten die entsprechenden Kommandos geben, z. B. „hoch" bzw. „tief", damit die Kinder gleichzeitig die Arme heben und senken. Alles ein- oder zweimal wiederholen, dann werden die Rollen getauscht.

Anstrengung und Ruhe

Das brauchen Sie dafür
ein Schwungtuch, Bälle, Matten

So geht es

Breiten Sie das Schwungtuch auf den Boden aus. Ein paar Kinder legen sich darauf und werden von den anderen Kindern ein Stück durch den Raum gezogen. Anschließend Rollen tauschen.
Ich habe die Erfahrung gemacht, dass Kinder großen Ehrgeiz haben, schwerere Dinge zu bewegen, und dass sie sich auch anstrengen wollen. Ob Sie also beim Ziehen etwas mithelfen, ergibt sich aus der Situation.

Nach dieser Anstrengung können sich die Kinder (und Sie selbst!) ein wenig entspannen. Verteilen Sie hierfür einige Bälle auf ein paar Matten und breiten Sie das Schwungtuch darüber aus. Die Kinder können über und zwischen die Bälle krabbeln oder sich, genau wie Sie, auf dem Bällebett einfach nur ausruhen.

Wir bauen eine Höhle

Das brauchen Sie dafür
ein Schwungtuch, 4 Tische, ein paar Stühle, Kissen und Decken

So geht es

Breiten Sie mit den Kindern das Schwungtuch über vier Tische, die mit etwas Abstand voneinander stehen, aus. An einer Seite der „Höhle" reihen Sie ein paar Stühle in Zweierreihen mit etwas Abstand dazwischen auf, sodass ein „Höhleneingang" entsteht. Über die Stühle können Decken gelegt werden.
Krabbeln Sie nun mit den Kindern durch den Eingang in die Höhle. Erfahrungsgemäß halten sich die Kinder sehr gerne darin auf.

Tipp
Damit es so richtig gemütlich wird, legen Sie ein paar Decken und Kissen in die Höhle. Die Kinder können Stofftiere oder anderes Spielzeug mit hineinnehmen.
Wenn Sie eine Höhle in der Turnhalle bauen möchten, so verwenden Sie statt der Tische zwei große Kästen (Matte dazwischenlegen) und statt der Stühle zwei Langbänke mit einer Matte (längs) darüber.

Luftballons fliegen über die Schnur

Das brauchen Sie dafür
pro Kind einen aufgeblasenen Luftballon; eine lange Schnur

So geht es

Zunächst probieren die Kinder selbst aus, was man mit dem Luftballon alles machen kann. Nach einiger Zeit können Sie folgende Anregungen geben:

- den Luftballon sehr hoch schlagen
- den Luftballon möglichst weit schlagen
- den Luftballon mit dem Fuß kicken
- den Ballon hochwerfen bzw. -schlagen und versuchen, ihn beim Herunterfallen mit dem Kopf zu berühren (das Hochwerfen können auch Sie übernehmen)

Variante
Spannen oder halten Sie mit einem Betreuer eine längere Schnur in Kopfhöhe der Kinder. Diese verteilen sich zu beiden Seiten der Schnur und schlagen die Luftballons darüber. Die Schnur kann auch schräg gehalten werden, sodass die Kinder die für sie ideale Schlaghöhe selbst wählen können.

Hubschrauber starten und landen

Das brauchen Sie dafür
pro Kind 2 aufgeblasene Luftballons

So geht es

Die Kinder erhalten zwei aufgeblasene Luftballons (= „Hubschrauber“), die sie am Knoten festhalten. Sie selbst halten ebenfalls zwei Ballons so fest. Nun geben Sie Anweisungen, was der Hubschrauber gerade machen soll, und führen die Bewegungen mit den Kindern aus:

Vorsprechen	Mitmachen
Der Hubschrauber startet.	Arme ausbreiten und sich einige Male um sich selbst drehen
Der Hubschrauber fliegt durch die Luft.	mit ausgebreiteten Armen umherlaufen
Der Hubschrauber fliegt schneller.	Tempo beschleunigen
Der Hubschrauber fliegt wieder langsamer.	Tempo verlangsamen
Der Hubschrauber fliegt rückwärts.	rückwärtslaufen
Der Hubschrauber landet wieder.	sich einige Male um sich selbst drehen und in der Hocke „landen“

Luftballons bewegen ohne Hände

Das brauchen Sie dafür
pro Kind einen aufgeblasenen Luftballon

So geht es

Die Kinder probieren aus, wie man Luftballons ohne Einsatz der Hände bewegen kann. Hier ein paar Anregungen:

- mit dem Ellbogen
- mit dem Knie
- mit dem Fuß
- aus dem Vierfüßlerstand mit dem Kopf stoßen
- den Ballon wegpusten
- zwischen die Beine klemmen und gehen
- zwischen die Füße klemmen und hüpfen

Variante
Ein Luftballon wird zwischen die Oberkörper zweier Kinder eingeklemmt. Diese versuchen nun, sich seitwärts zu bewegen, ohne dass der Luftballon herunterfällt. Als Motivation eventuell ein Ziel vorgeben, zu dem sich die Kinder hinbewegen sollen. Kann der Ballon auch zwischen zwei Köpfen befördert werden?

Luftballon, flieg fort!

Das brauchen Sie dafür
pro Kind einen aufgeblasenen Luftballon; ein Schwungtuch

So geht es

Breiten Sie das Schwungtuch auf den Boden aus. Die Kinder knien in einem Kreis darum herum und halten je einen Luftballon in den Händen. Nun rufen Sie: „Luftballon flieg fort, schnell an einen anderen Ort!“ Daraufhin schlagen die Kinder ihre Ballons von sich weg. Die Kinder müssen nun alle Luftballons, die sie erreichen, so wegschlagen, als ob sie giftig wären und sie keinen haben möchten.

Variante
Die Kinder bilden einen Kreis und halten das Schwungtuch mit beiden Händen fest. Nun lassen sie die Luftballons „tanzen“, indem sie die Hände auf und ab bewegen.

Schieß ein Tor!

Das brauchen Sie dafür

pro Kind einen aufgeblasenen Luftballon und eine Küchenpapierrolle; ein paar Reifen mit Reifenhaltern

So geht es

Zunächst nehmen die Kinder eine Küchenpapierrolle in die Hand und schlagen ihren Luftballon damit vorwärts. Schwieriger wird es, wenn die Kinder zuerst den Luftballon mit einer Hand in die Luft werfen und ihn anschließend mit der Rolle treffen sollen.

Variante

Nach einiger Zeit stellen Sie ein paar Reifen etwas voneinander entfernt in Reifenhaltern. Aufgabe ist es nun, den Luftballon mithilfe der Rolle durch einen Reifen zu schießen.

Tipp

Falls Ihnen keine Reifenhalter zur Verfügung stehen: Stellen Sie zwei Reifen hochkant auf den Boden, setzen sich dazwischen und halten sie fest. Die Kinder können nach dem „Torschuss“ durch den Reifen krabbeln.

Ein Hundebaby tollt umher

Das brauchen Sie dafür
pro Kind einen aufgeblasenen Luftballon und eine ca. 1 m lange Schnur (für jüngere Kinder etwas kürzer)

So geht es

Binden Sie an jeden Luftballon (= „Hundebaby“) ein Stück Schnur (= „Hundeleine“). Die Kinder nehmen die Schnur in die Hand. Erzählen Sie folgende Geschichte und führen Sie mit den Kindern die entsprechenden Bewegungen aus:

Vorsprechen	Mitmachen
Tommy, das Hundebaby geht gerade spazieren.	mit der Schnur in der Hand herumgehen
Der kleine Hund hat Lust, zu rennen.	schneller laufen
Plötzlich bleibt Tommy stehen. Er springt vor Freude in die Luft.	stehen bleiben, an der Schnur ruckartig ziehen, sodass der Luftballon hochfliegt
Nun rennt Tommy im Kreis herum.	sich drehen, dabei schwingt der Luftballon im Kreis; Richtungswechsel
Hier ist eine hohe Treppe. Der Besitzer nimmt das Hundebaby auf den Arm und geht die Stufen hoch.	den Luftballon und die Schnur in den Arm nehmen und die Knie beim Gehen anheben
Jetzt ist Tommy müde. Alle gehen nach Hause und legen sich schlafen.	herumgehen, sich auf den Boden legen und den Luftballon umarmen

Mein Stofftier schaukelt

Das brauchen Sie dafür
pro Kind ein Stofftier (am besten mit langen Armen oder Beinen, z.B. einen Hasen oder einen Bären); Musik

So geht es

Nachdem Sie die Musik eingeschaltet haben, laufen die Kinder mit ihrem Stofftier in der Hand im Raum herum. Nach einiger Zeit stoppen Sie die Musik. Daraufhin hält jedes Kind sein Stofftier an den Armen fest (jede Hand des Kindes hält einen Tier-Arm) und schwingt es über seinen Kopf und zwischen die gegrätschten Beine. Anschließend schalten Sie wieder die Musik ein und die Kinder laufen wieder herum.

Variante 1
Das Stofftier macht einen Luftsprung: Das Tier hoch in die Luft werfen.

Variante 2
Das Stofftier fährt Karussell: Tier an einem Arm halten und sich im Kreis drehen; anschließend Richtungswechsel. Wahrscheinlich lassen ein paar Kinder das Tier los, während sie sich drehen.

Mein Stofftier turnt auf mir

Das brauchen Sie dafür
pro Kind ein Stofftier; Matten

So geht es

Legen Sie ausreichend Matten auf den Boden. Zeigen Sie den Kindern, wie sie mit ihren Tieren auf den Matten „turnen" können (vielleicht haben die Kinder auch eigene Ideen):

Vorsprechen	Mitmachen
Das Stofftier macht einen Salto.	die Kinder knien im Fersensitz und halten das Tier vor sich; dreht man das Stofftier ruckartig zu sich, macht es einen Salto rückwärts
Das Stofftier fährt Aufzug.	die Kinder liegen auf dem Rücken und klemmen sich das Stofftier zwischen die Füße; nun strecken sie die Beine nach oben (Aufzug fährt hoch) und winkeln dann ihre Knie wieder an (Aufzug fährt nach unten)
Das Stofftier purzelt rückwärts.	die Kinder klemmen sich im Sitzen ihr Tier zwischen die Füße, rollen auf den Rücken nach hinten und lassen das Tier dann fallen

Tipp
Zum Abschluss können sich die Kinder paarweise im Sitzen ihre Tiere gegenseitig zuwerfen. Der Sitzabstand beträgt etwa einen Meter.

Mein Stofftier fährt Auto

Das brauchen Sie dafür
pro Kind ein Stofftier; eine Langbank (oder auch 2 Langbänke), Matten

So geht es

Stellen Sie eine Langbank auf – oder auch zwei Langbänke hintereinander – und legen Sie Matten darum herum. Die Kinder stellen sich mit ihrem Stofftier an das Ende der Bank. Nun laufen die Kinder hintereinander neben der Bank und lassen gleichzeitig ihr jeweiliges Tier auf der Bank entlangrutschen („Auto fahren"). Hier noch einige andere Anregungen:

- das Tier über die Bank hüpfen lassen
- die Kinder laufen mit dem Tier in den Händen über die Bank
- wie eben, jedoch die Arme dabei nach oben strecken (das Stofftier fliegt)
- die Kinder legen sich das Tier auf den Kopf, halten es fest und laufen so über die Bank
- die Tiere mit etwas Abstand voneinander auf die Bank legen und darübersteigen

Tipp
Sie können den Aufbau stehen lassen und die Übungen für das folgende Spiel „Mein Stofftier reitet" hier durchführen.

Mein Stofftier reitet

Das brauchen Sie dafür
pro Kind ein Stofftier; eine Langbank (oder 2 Langbänke), Matten

So geht es

Stellen Sie eine Langbank (oder zwei Langbänke hintereinander) auf den Boden und legen Sie Matten darum herum. Die Kinder stellen sich an das Ende der Bank und transportieren ihr Stofftier auf verschiedene Weise darüber:

- auf der Bank in den Vierfüßlerstand gehen, das Tier von einem Helfer auf den Rücken legen lassen und ganz vorsichtig über die Bank krabbeln
- die Kinder setzen sich auf die Bank (Füße sind auf der Bank) und legen sich das Tier auf den Bauch. Die Hände seitlich auf die Bank stützen und nun mit den Füßen vorwärts über die Bank wandern
- auf die Bank mit dem Bauch nach unten legen, das Tier von einem Helfer auf den Rücken legen lassen und sich mit den Händen vorwärtsziehen

Mein Stofftier fährt Schlitten

Das brauchen Sie dafür

pro Kind ein Stofftier, eine Langbank, eine Sprossenwand, Matten

So geht es

Hängen Sie das eine Ende einer Langbank in die Sprossenwand und legen Sie Matten aus. Das erste Kind reicht Ihnen sein Stofftier und läuft die Bank nach oben. Bei der Sprossenwand angekommen dreht es sich um und setzt sich auf die Bank. Nachdem Sie dem Kind das Stofftier gegeben haben, rutscht es mit ihm die Bank hinunter.

Variante 1

das Stofftier zuerst rutschen lassen, dann hinterherrutschen

Variante 2

das Stofftier zwischen die Füße oder Beine klemmen und rutschen

Variante 3

auf dem Bauch (Füße voran) rutschen, während das Stofftier auf dem Rücken unter dem Oberteil eingeklemmt ist

Tipp

Falls das Rutschen durch Turn- oder Hausschuhe zu sehr gebremst wird, können Sie z.B. ein T-Shirt o.Ä. unter die Füße legen.

Mein Stofftier springt und purzelt

Das brauchen Sie dafür
pro Kind ein Stofftier, eine Langbank, einen niedrigen Kasten (etwa Kniehöhe eines Erwachsenen), Matten

So geht es

Hängen Sie das eine Ende der Langbank in den Kasten ein und legen Sie rundherum Matten aus. Die Kinder laufen mit ihrem Stofftier die Bank hoch. Bei folgenden Übungen lassen die Kinder ihr Tier „vorturnen" und führen die Übungen dann selbst aus:

Vorsprechen	Mitmachen
Das Stofftier springt so weit wie möglich.	die Kinder werfen ihr Tier so weit sie es können und springen hinterher
Das Stofftier macht einen Purzelbaum.	die Kinder legen ihr Tier mit dem Bauch nach unten auf den Kasten und geben ihm einen kleinen Schubs, sodass es nach unten purzelt; anschließend machen die Kinder selbst einen Purzelbaum (mit Hilfestellung!)

Das Kind legt sich mit dem Bauch auf den Kasten und legt die Hände auf die Matte; eventuell Kissen auf die Matte legen, wenn die Hände nicht bis nach unten reichen. Fassen Sie die Hüfte des Kindes und helfen ihm beim Rollen; der Kopf zeigt zur Brust. Wenn nötig, den Kopf des Kindes sanft zur Brust schieben.

Vom Sprungturm springen

Das brauchen Sie dafür
Matratzen, Matten, evtl. Kissen

So geht es

Errichten Sie aus Matratzen „Sprungtürme“ unterschiedlicher Höhe, z.B.:

- drei Matratzen übereinanderstapeln: niedriger Sprungturm
- fünf Matratzen übereinanderstapeln: mittelhoher Sprungturm
- sieben Matratzen übereinanderstapeln: hoher Sprungturm

Um die Sprungtürme herum legen Sie Matten. Nun wählen sich die Kinder, entsprechend ihrem Können, einen Sprungturm aus und klettern darauf. Als Aufstiegshilfe können Kissen verwendet werden. Die Kinder können nun aus dem Stand springen.
Bei den höheren Türmen können sich vor allem jüngere Kinder zum Springen hinsetzen oder sich rücklings hinuntergleiten lassen.

Tipp
Die beste Hilfestellung beim Springen ist, sich vor das Kind zu stellen und ihm beide Hände zu reichen. Auf diese Weise landet es gerade auf beiden Füßen.
Legen Sie ein oder zwei weitere Matratzen aus, auf denen sich die Kinder anschließend entspannen können.

Kleine Zwerge wandern über Berge

Das brauchen Sie dafür
pro „Berg“ 3 bis 5 Matratzen; evtl. Matten

So geht es

Stapeln Sie zwei, drei oder vier Matratzen übereinander. Eine weitere Matratze legen Sie quer darüber, sodass ein „Berg“ entsteht. Die Anzahl der unteren Matratzen wählen Sie so, dass der Berg weder zu hoch noch zu niedrig ist, d. h.: Die Enden der oberen Matratze sollten gerade noch den Boden berühren.

Im Anschluss an den ersten „Berg“ errichten Sie auf gleiche Weise einen zweiten und einen dritten Berg, und zwar so, dass kein Abstand zwischen den Bergen besteht. Sollte kein Teppichboden vorhanden sein, legen Sie Matten aus. Die „Zwerge“ krabbeln nun über die Berge.

Variante
über die Berge einen Ball rollen und hinterherkrabbeln

Tipp
Legen Sie einen Kriechtunnel am Ende aus, durch den die Kinder zum ersten Berg zurückkrabbeln.

Eine Luftmatratze treibt auf dem Meer

Das brauchen Sie dafür
pro Matratze 3 große, feste Bälle (z. B. Fußbälle oder Plastikbälle); evtl. Matten

So geht es

Legen Sie eine Matratze auf den Boden und schieben unter die Matratzenmitte drei Bälle; die Bälle sollen in einer Reihe mit ein wenig Abstand voneinander liegen. Falls kein Teppichboden vorhanden ist, legen Sie Matten aus. Die Kinder können längs oder quer über die „Luftmatratze" krabbeln. Wenn Sie den Kindern die Hand geben, können sie auch darüberlaufen.

Variante
Die Luftmatratze treibt auf dem Meer: Zwei bis vier Kinder setzen oder legen sich auf die Matratze. Sie und einige andere Kinder bewegen die Matratze langsam vor und zurück.

Treppen steigen

Das brauchen Sie dafür
ca. 10 bis 12 Matratzen, Matten

So geht es

Bauen Sie aus Matratzen eine (breite) Treppe. Legen Sie hierfür eine Matratze auf den Boden. Dahinter stapeln Sie zwei Matratzen übereinander, wieder dahinter drei Matratzen und ganz hinten vier Matratzen. Anschließend legen Sie Matten rund um die Matratzen. Die Kinder können über die „Treppen“ steigen oder springen.

Variante
Legen Sie auf die „Treppe“ zwei Matratzen neben- oder hintereinander, sodass ein Abhang entsteht. Darauf können die Kinder hinaufklettern und dann hinunterrollen.

Ein Boot schaukelt im Wasser

Das brauchen Sie dafür
2 bis 5 Matratzen, pro Matratze 2 Reifen

So geht es

Stecken Sie die Enden einer Matratze, die nach oben zueinandergeklappt sind, durch je einen Reifen – fertig ist das Boot. Bauen Sie, entsprechend der Kinderanzahl, weitere Boote. Die Kinder setzen sich nun in die Boote und bringen sie durch Gewichtsverlagerung zum Schaukeln.
Bei jüngeren Kindern können Sie nachhelfen, indem Sie das Boot etwas schaukeln, am besten geht es vom Reifen aus. Ältere Kinder können sich auch im Stehen an einem Reifen festhalten und so hin- und herschaukeln.

Variante
Stellen Sie die Boote hintereinander auf. Die Kinder krabbeln oder kriechen nun als „Löwen", „Schlangen", „Katzen" usw. durch die Reifen.

Spiele mit Alltagsmaterialien

KÜCHENPAPIERROLLEN
BIERDECKEL
KORKEN
WOLLKNÄUEL
SCHACHTELN
KISSEN
DIES UND DAS

Die meisten der in den folgenden Spielen benötigten Alltagsmaterialien lassen sich leicht sammeln (von Ihnen, den Kindern oder den Eltern). Nach Korken und Bierdeckeln können Sie z. B. in Gaststätten fragen; Schachteln schenken Ihnen Schuhgeschäfte gerne. Werfen Sie die gesammelten Materialien nach den Spielen nicht weg, Sie werden sie immer wieder einmal gebrauchen können.

Die Dampflok fährt in einen Bahnhof

Das brauchen Sie dafür
pro Kind eine Küchenpapierrolle (innere Rolle), Matten, Musik

So geht es

Verteilen Sie ein paar Matten als „Bahnhöfe" auf den Boden. Die Kinder bilden Paare und spielen auf folgende Weise „Dampflokomotiven":

Die beiden Kinder, die als Paar miteinander spielen, stellen sich hintereinander, in die gleiche Richtung blickend. In jeder Hand halten sie das jeweils andere Ende einer Papierrolle. Nachdem Sie die Musik eingeschaltet haben, laufen die Kinder als „Dampfloks" zwischen den Matten herum. Ältere Kinder können beim Laufen die Arme vor und zurückbewegen (linke Arme vor, gleichzeitig rechte Arme zurück und umgekehrt).

Nach einiger Zeit schalten Sie die Musik aus und rufen: „Die Dampflok fährt in einen Bahnhof!" Daraufhin stellen sich die Kinder auf eine Matte. Anschließend schalten Sie die Musik wieder ein.

Lasst die Rolle rollen!

Das brauchen Sie dafür
pro Kind eine Küchenpapierrolle (innere Rolle); evtl. Bälle

So geht es

Fragen Sie die Kinder, wie man die Rolle rollen kann. Zeigen Sie ihnen anschließend auch folgende Möglichkeiten:

allein:

- erst mit der einen, dann mit der anderen Hand die Rolle vorwärts rollen
- mit einem Fuß die Rolle vor- und zurückrollen
- mit dem Kopf die Rolle anstoßen

zu zweit:

- ein Kind liegt, ein anderes Kind kniet davor und rollt die Rolle über den Körper des liegenden Kindes
- die Kinder knien sich gegenüber (mit etwas Abstand) und rollen sich die Rolle gegenseitig zu

Tipp
Die Papierrollen können vorher von den Kindern mit Wasserfarben bemalt oder mit bunten Stickern beklebt werden. Zum Abschluss können die Kinder ihre Papierrollen wie Kegel auf den Boden stellen und versuchen, sie mit einem Ball umzustoßen.

Tierlaute nachahmen

Das brauchen Sie dafür
pro Kind eine Küchenpapierrolle (innere Rolle), Musik, evtl. Tierbilder

So geht es

Bevor das Spiel beginnt, eine kleine Übung vorab: Die Kinder halten sich das eine Ende der Rolle vor den Mund und machen so, wie durch ein Megafon, verschiedene Tierlaute nach (z. B. „wau, wau", „miau", „muh", „quak, quak", „mäh, mäh").

Dann beginnt das Spiel: Schalten Sie die Musik ein. Die Kinder laufen mit der Rolle in der Hand durch den Raum. Nach einiger Zeit schalten Sie die Musik aus und die Kinder bleiben stehen. Sagen Sie ihnen, in welches Tier sie sich nun verwandeln sollen. Daraufhin machen die Kinder den entsprechenden Tierlaut durch die Rolle nach. Anschließend wird die Musik wieder eingeschaltet und die Kinder laufen herum.

Tipp
Zur Einstimmung können Sie den Kindern Tierbilder zeigen und sie fragen, welche Laute die Tiere machen.

Wir spielen Hockey

Das brauchen Sie dafür
pro Kind eine Küchenpapierrolle (innere Rolle) und einen Tischtennisball, pro Kinderpaar 3 Küchenpapierrollen (= „Tor")

So geht es

Verteilen Sie an jedes Kind eine Rolle als „Hockeyschläger" und einen Tischtennisball. Die Kinder üben vorab, mit einer Rolle in der Hand den Tischtennisball nach vorn zu schlagen.
Nach einiger Zeit errichten Sie oder die Kinder aus drei Rollen ein Tor. Zwei Kinder setzen sich nun jeweils vor und hinter das Tor. Die Kinder versuchen nun, mit ihrer Hand oder mithilfe einer Rolle den Tischtennisball durch das Tor zu schießen.

Tipp
Als Tore können auch aufgestellte Schuhschachteln benutzt werden. Zwei Kinder sitzen dann nebeneinander und versuchen, den Ball in die Schachtel zu treffen.

Der Rüssel des Elefanten

Das brauchen Sie dafür
pro Kind eine Küchenpapierrolle (innere Rolle)

So geht es

Nachdem Sie den Kindern eine Küchenpapierrolle als „Elefantenrüssel" gegeben haben, stellen sich alle in einen Kreis. Erzählen Sie folgende Geschichte und führen Sie mit den Kindern die entsprechenden Bewegungen aus:

Vorsprechen	Mitmachen
Ein Elefant wandert mit seiner Herde durch den Wald.	stampfend durcheinanderlaufen, die Rolle an die Nase halten
Fröhlich schwingt er seinen Rüssel hin und her.	Rolle nach links und rechts schwingen
Nun trompetet der Elefant ganz laut: „Töröö, töröö!"	die Rolle an den Mund halten und laut trompeten
Dem Elefanten ist sehr heiß geworden. An einem Wasserloch saugt er Wasser und spritzt es über sich. Aach, tut das gut!	sich beugen, die Rolle nach unten halten, dann die Rolle über den Kopf halten und „sch" rufen
Jetzt ist er wieder fit. Gut gelaunt trabt die Elefantenherde davon.	zügig durcheinanderlaufen, nochmals trompeten

Die Ampel wird grün

Das brauchen Sie dafür
pro Kind einen Bierdeckel, evtl. einen roten und einen grünen Bierdeckel; Gegenstände, wie z. B. Bauklötze oder Kissen

So geht es

Unterhalten Sie sich vorab mit den Kindern über den Verkehr auf den Straßen und über die Bedeutung der Ampeln. Falls Sie ein passendes Bilderbuch zur Hand haben, sehen Sie es sich mit den Kindern an.

Anschließend spielen die Kinder „Auto- oder Busfahrer“. Dafür nehmen sie einen Bierdeckel als Lenkrad in die Hände und laufen damit herum. Dabei können sie in Kurven fahren und Hupgeräusche machen.

Nach einiger Zeit rufen Sie: „Die Ampel wird rot!“ Daraufhin bleiben die Kinder stehen. Anschließend rufen Sie: „Die Ampel wird grün!“ und die Kinder fahren wieder los.

Variante
Verteilen Sie ein paar Gegenstände im Raum. Der Spielverlauf erfolgt wie oben, nur dass die Kinder um die ausgelegten Gegenstände herumlaufen müssen.

Tipp
Bei der Ansage „rot“ bzw. „grün“ können Sie als optisches Signal einen rot bzw. einen grün bemalten Bierdeckel in die Luft halten.

Laufen und springen auf dem Bierdeckelweg

Das brauchen Sie dafür

ca. 40 Bierdeckel; einige Klopapierrollen (innere Rolle), evtl. einen Kriechtunnel

So geht es

Legen Sie ca. 20 Bierdeckel mit jeweils 10 cm Abstand in eine Reihe auf den Boden. Die Kinder können nun auf folgende Weise diesen Bierdeckelweg nutzen:

- auf die Bierdeckel steigen
- im Slalom um die Bierdeckel herum laufen
- zwischen die Bierdeckel treten
- mit beiden Beinen gleichzeitig über jeden Bierdeckel springen

Variante 1

auf ein paar Bierdeckel Klopapierrollen stellen und darübersteigen

Variante 2

Legen Sie mit wenig Abstand zu den bereits gelegten Bierdeckeln (parallel dazu) weitere 20 Bierdeckel ebenso wie die ersten auf den Boden. Auf diese Weise entsteht ein schmaler Durchgang. Die Kinder können hindurchlaufen, auf die Bierdeckel steigen oder darauf springen.

Tipp

Am Ende des Weges kann ein Kriechtunnel ausgelegt werden, der zum Anfang des Bierdeckelweges führt.

Wir bauen einen Turm

Das brauchen Sie dafür
Bierdeckel, Klopapierrollen (innere Rolle)

So geht es

Zeigen Sie den Kindern, wie man einen Turm baut, indem Bierdeckel und Klopapierrollen im Wechsel aufeinandergestapelt werden. Nun können es die Kinder selbst ausprobieren. Viel Spaß macht es natürlich, am Ende die Türme wieder einstürzen zu lassen.

Variante
Bauen Sie einen Turm, der höher ist als Sie selbst. Die Kinder werden sicherlich interessiert zusehen. Damit Sie sich nicht ständig bücken müssen, lassen Sie sich die Rollen und die Bierdeckel von den Kindern reichen.

Tipp
Die Klopapierrollen können vorher bemalt oder mit Stickern beklebt werden. Zusätzlich zu den Klopapierrollen können Sie auch Küchenpapierrollen verwenden.

Ein Vogel fliegt durch die Luft

Das brauchen Sie dafür
pro Kind 2 Bierdeckel

So geht es

Jedes Kind hält in den Händen je einen Bierdeckel, auch während der Bewegungen. Erzählen Sie folgende Geschichte und führen Sie mit den Kindern die entsprechenden Bewegungen aus:

Vorsprechen	Mitmachen
Ein kleiner Vogel sitzt in seinem Nest und schläft.	mit geschlossenen Augen in der Hocke sitzen
Auf einmal wacht er auf und breitet seine Flügel aus.	Augen öffnen, aufstehen und mehrmals Arme heben und senken
Jetzt fliegt der Vogel durch die Luft, hui!	durcheinanderlaufen, dabei Arme seitlich heben und senken
Neben dem Vogel kreist ein Hubschrauber.	sich ein paar Mal um sich selbst drehen, evtl. Richtungswechsel
So schnell er kann, fliegt der Vogel davon.	sehr schnell „fliegen“
Bald landet er in seinem Nest.	in der Hocke landen

Entspannen unter der Bierdeckeldecke

Das brauchen Sie dafür
pro Kind 2 bis 3 Bierdeckel

So geht es

Ein (älteres) Kind legt sich auf den Rücken. Zwei bis vier Kinder sitzen mit Ihnen um das liegende Kind. Alle legen nun so viele Bierdeckel auf den Körper des liegenden Kindes, dass das Kind davon bedeckt wird. Das liegende Kind muss dabei still liegen bleiben; wenn es möchte, kann auch auf sein Gesicht ein Bierdeckel (oder auch mehrere) gelegt werden.
Den Kindern (und Ihnen vielleicht auch) macht es sicher Spaß, wenn Sie sich hinlegen und „eindeckeln" lassen.

Variante
Anschließend versuchen die Kinder, ein oder zwei Bierdeckel auf verschiedenen Körperteilen zu balancieren und evtl. auch zu transportieren, z.B.:

- auf dem Kopf
- auf den Schultern
- auf den Handflächen
- auf den Handrücken
- auf den Ellbogen (seitlich anheben)
- auf dem Rücken

Wir fangen Regentropfen

Das brauchen Sie dafür
möglichst viele Korken, eine Schachtel (z. B. Schuhschachtel)

So geht es

Legen Sie alle Korken auf den Boden. Nun werden sie von den Kindern in die Luft geworfen. Die Korken fallen als „Regentropfen" wieder herunter und die Kinder versuchen, ihnen auszuweichen.

Variante
Nehmen Sie eine Schachtel und stellen Sie sich vor die Kinder. Aufgabe der Kinder ist es, die Korken in die Schachtel zu werfen. Da viele Kinder noch nicht genau zielen können, versuchen Sie (und evtl. ein weiterer Betreuer), mit der Schachtel die vorbeifliegenden Korken aufzufangen.

Rollende Korken

Das brauchen Sie dafür
pro Kind einen Korken und einen Stift, Schachteln (z. B. Schuhschachteln); eine Langbank oder Tische; eine schiefe Ebene (z. B. eine Langbank in einer Sprossenwand)

So geht es

Stellen Sie die Schuhschachteln als „Tore" auf den Boden. Die Kinder probieren zunächst aus, wie man einen Korken sowohl mit der Hand als auch mit dem Fuß vorwärtsrollt. Wer Lust hat, kann Tore schießen.

Variante 1
Die Kinder rollen die Korken mithilfe von Stiften vorwärts.

Variante 2
Die Kinder versuchen, mit der Hand oder mit einem Stift den Korken auf einer Langbank oder auf zusammengerückten Tischen entlangzurollen.

Variante 3
Errichten Sie eine schiefe Ebene (z. B. eine Langbank in eine Sprossenwand einhängen). Die Kinder lassen nun die Korken die schiefe Ebene hinunterrollen.

Das Karussell dreht sich ganz schnell

Das brauchen Sie dafür

pro Kind einen Korken und eine ca. 50 cm lange Schnur, Scheren

So geht es

Binden Sie für jedes Kind eine Schnur um einen Korken. Fertig ist die Korkenschleuder.

Die Kinder stellen sich mit der Schnur in der Hand in die Mitte des Raumes, seitlich zur Wurfrichtung. Vor ihrem Körper lassen sie die Korkenschleuder schwungvoll kreisen. Nach ein paar Umdrehungen der Korkenschleuder geben die Kinder sie frei. Ist der Korken beim Loslassen der Schnur unten, fliegt die Schleuder vorwärts, ist der Korken oben, fliegt sie rückwärts.

Sie können, während die Kinder die Schleuder drehen, folgenden Spruch aufsagen: „Das Karussell, das Karussell dreht sich ganz schnell." Bei dem Wort „schnell" lassen die Kinder ihre Schnur los. Ob die Schleuder nun vorwärts- oder rückwärtsfliegt, ist nicht so wichtig.

Tipp

Da viele Kinder gerne genau ihre Schleuder wieder einsammeln möchten, können verschiedenfarbige Schnüre verwendet werden.

Das sollten Sie beachten

Das Spiel am besten nur mit sehr wenig Kindern durchführen oder nach draußen gehen, da ansonsten Gefahr besteht, dass ein Kind eine Schleuder ins Gesicht bekommt.

Eichhörnchen-Massage

Das brauchen Sie dafür
pro massierendem Kind einen Korken

So geht es

Ein Kind legt sich auf den Bauch. Zwei bis vier Kinder knien mit Ihnen neben dem Rücken des liegenden Kindes. Alle knienden Kinder haben je einen Korken in der Hand. Erzählen Sie folgende Geschichte und führen Sie die entsprechenden Bewegungen mit den Kindern aus:

Vorsprechen	Mitmachen
Das Eichhörnchen klettert auf einen Baum.	über den Rücken zu den Schultern „hüpfen“
Jetzt springt das Eichhörnchen von Ast zu Ast.	auf dem oberen Rücken „herumhüpfen“
Dann klettert das Eichhörnchen vom Baum hinunter und frisst Nüsse.	von den Schultern nach unten „hüpfen“ und Fress-geräusche machen
Plötzlich fängt es sehr stark an, zu regnen.	mit dem Korken schnell auf und ab hüpfen
Schnell klettert das Eichhörnchen in sein Nest und dreht sich ein paarmal um sich selbst.	auf den Kopf des Kindes „hüpfen“ und kreisende Bewegungen ausführen
Müde schläft es in seinem Nest ein. Ist das gemütlich!	Wange auf den Körper des Kindes legen und „schnarchen“

Omnibusse fahren durch die Stadt

Das brauchen Sie dafür
ca. 4 verschiedenfarbige Wollknäuel, Musik

So geht es

Verteilen Sie die Wollknäuel als „Bushaltestellen" mit einigen Metern Abstand voneinander auf den Boden und schalten Sie Musik ein. Die Kinder laufen zur Musik als „Omnibusse" zwischen den Wollknäueln. Schalten Sie nach einiger Zeit die Musik ab und rufen den Kindern zu, an welcher Haltestelle der Omnibus hält, z. B.: „Der Omnibus hält an der roten Haltestelle!"
Daraufhin laufen die Kinder zur roten Wolle und bleiben dort stehen. Nachdem die Musik wieder eingeschaltet wurde, fahren die Omnibusse wieder los, bis ein weiterer Zuruf erfolgt.

Variante
Die Omnibusse „fahren" rückwärts.

Tipp
Während die Kinder an den „Haltestellen" warten, können Sie ihnen erzählen, dass die Menschen von dort aus in die Busse ein- und aussteigen, dafür also ihre Füße heben müssen. So können die Kinder anschließend ihre Füße hochheben, um „einzusteigen", und später wieder hochheben, um „auszusteigen".

Dieses Spiel – und auch alle weiteren Wollknäuel-Spiele – kann auch mit verschiedenfarbigen Säckchen anstelle von Wollknäueln durchgeführt werden.

Wir springen wie Kängurus

Das brauchen Sie dafür
pro Kind ein Wollknäuel

So geht es

Die Kinder verwandeln sich mithilfe ihres Wollknäuels in verschiedene Tiere und ahmen diese nach:

Vorsprechen	Mitmachen
Wir laufen wie Spinnen.	Wollknäuel im Sitzen auf den Bauch legen, Po etwas heben und senken und sich dabei vorwärtsbewegen
Wir laufen wie Kamele.	Wollknäuel auf den Rücken legen – oder unter die Kleidung klemmen – und auf allen vieren krabbeln
Wir springen wie Kängurus.	Wollknäuel als „Känguru-Beutel" im Stehen vor den Bauch unter die Kleidung klemmen und mit beiden Beinen gleichzeitig springen
Wir fliegen wie Vögel.	Wollknäuel auf den Kopf legen und die Arme vorsichtig seitlich schwingen, dabei langsam vorwärtslaufen
Wir springen wie Frösche.	Wollknäuel zwischen den Oberschenkeln einklemmen, hüpfen und laut quaken; jüngeren Kindern evtl. die Hände reichen

Schneeflocken fallen herab

Das brauchen Sie dafür
pro Kind ein Wollknäuel (evtl. weiße)

So geht es

Die Kinder stehen relativ eng beieinander und werfen die Wollknäuel als „Schneeflocken" in die Luft. Dabei können sie sich absichtlich von den Schneeflocken treffen lassen.

Variante 1
Die Kinder sitzen auf dem Boden, ergreifen ein Wollknäuel mit ihren Füßen und werfen es in die Luft.

Variante 2
Die Kinder nehmen ihre Wollknäuel als „Schneebälle" in die Hand. Sie selbst stellen sich vor die Kinder, welche Sie nun mit ihren Schneebällen bewerfen dürfen. Sie können auch langsam davonlaufen, die Kinder verfolgen sie und versuchen, Sie zu treffen. Natürlich können sich auch die Kinder gegenseitig bewerfen.

Bring das Spielzeug!

Das brauchen Sie dafür
pro Kind ein Wollknäuel (unterschiedliche Farben)

So geht es

Die Kinder spielen Hunde, Sie selbst den Hundebesitzer. Nun werfen Sie alle Wollknäuel einige Meter weit in verschiedene Richtungen und rufen: „Bring das Spielzeug!“

Die Kinder laufen oder krabbeln los, schnappen sich ein Wollknäuel und bringen es zu Ihnen zurück. Die „Hunde“ werden ausgiebig gelobt und gestreichelt. Nach ein paar Runden können sich auch die Kinder zu Paaren zusammenfinden und so weiterspielen.

Auf Luftballons und Flaschen werfen

Das brauchen Sie dafür
pro Kind ein Wollknäuel; 2 bis 6 aufgeblasene Luftballons, leere Plastikflaschen (oder Küchenpapierrollen), evtl. ein Seil oder einen längeren Wollfaden

So geht es

Errichten Sie folgende Wurfstationen:

- **Station 1: Luftballons treffen**
  Blasen Sie zwei bis sechs Luftballons auf und legen Sie ein paar Wollknäuel daneben. Die Kinder versuchen nun, die Luftballons mit einem Wollknäuel zu treffen. Wird etwas stärker geworfen, springt der Luftballon zur Seite, was den Kindern gut gefällt.

- **Station 2: Auf Flaschen zielen**
  Stellen Sie ein paar leere Plastikflaschen (oder Küchenpapierrollen) auf den Boden, auf einen kleinen Tisch oder auf eine Langbank. Die Kinder versuchen nun, die Flaschen mit einem Wollknäuel umzuwerfen. Damit die Kinder nicht zu nahe an die Flaschen herantreten, evtl. eine Grenzlinie mit einem Seil oder einem Wollfaden auf den Boden legen.

Schwimmt schnell zu einer Insel!

Das brauchen Sie dafür
pro Kind eine größere Schachtel, Musik

So geht es

Verteilen Sie die Schachteln mit etwas Abstand im Raum. Erklären Sie den Kindern, dass dies kleine Inseln sind, die mitten im Meer liegen. Nachdem Sie die Musik eingeschaltet haben, laufen die Kinder zwischen den Schachteln und führen mit den Armen Schwimmbewegungen aus. Nach einiger Zeit stoppen Sie die Musik und rufen: „Ein Sturm zieht auf, schwimmt schnell zu einer Insel!“
Daraufhin laufen die Kinder zu einer Insel und stellen oder setzen sich in jeweils eine Schachtel. Anschließend schalten Sie die Musik wieder ein.

Nach dem Spiel können die Schachteln als „Boote“ in eine Reihe gestellt werden und die Kinder können „Kapitäne“ spielen.

Tipp
Als Schachteln können Sie bei diesem und den folgenden Spielen z.B. oben geöffnete Schuhschachteln, Weinschachteln oder Verpackungskartons verwenden.

Rein ins Tor!

Das brauchen Sie dafür
pro Kind eine Schachtel, kleine Bälle (z. B. Tischtennisbälle), größere Bälle

So geht es

Stellen Sie ein paar Schachteln als „Tore" auf und legen Sie einige kleine Bälle bereit. Die Kinder setzen sich etwas entfernt vor eine Schachtel. Nun versuchen sie, die Bälle mit der Hand in die Schachtel zu rollen.

Variante 1
mit dem Fuß die Bälle anstoßen

Variante 2
Jede Schachtel wird hochkant gestellt. Die Kinder versuchen nun, mit einem größeren Ball so stark zu werfen, dass die Schachtel umkippt.

Variante 3
Zwei bis vier Schachteln werden hochkant übereinandergestapelt. Die Kinder stellen sich mit etwas Abstand davor und versuchen, mit dem Ball die oberste Schachtel so zu treffen, dass sie herunterfällt.

Schlittschuh laufen

Das brauchen Sie dafür
pro Kind 2 kleinere Schachteln zum Schlittschuhlaufen mit beiden Füßen; 4 kleinere Schachteln für „Ein Hund läuft Schlittschuh"; eine kleine Schachtel für „Roller fahren"

So geht es

Zwei Schachteln werden mit der Öffnung nach oben auf den Boden gestellt. Die Kinder steigen mit jedem Fuß in eine Schachtel und lassen die Füße – mitsamt Schachteln – abwechselnd nach vorn gleiten. Die Fußspitzen berühren dabei den (inneren) vorderen Schachtelrand.

Variante 1: Ein Hund läuft Schlittschuh
Vier Schachteln werden mit der Öffnung nach oben auf den Boden gestellt. Die Füße und Hände der Kinder sind in jeweils einer Schachtel. Nun gleiten die Kinder, mit Händen und Füßen – und gebeugtem Oberkörper, nach vorn.

Variante 2: Roller fahren
Jedes Kind stellt einen Fuß in eine Schachtel und schiebt mit dem anderen Fuß an.

In die Schachteln treffen!

Das brauchen Sie dafür

9 oder 12 Schachteln, kleine Gegenstände zum Werfen (z. B. Legosteine), Seile als Begrenzungslinien

So geht es

Stellen Sie neun oder zwölf Schuhschachteln mit einem Abstand von ca. 20 cm voneinander entfernt in Viereckform auf. Um die Schachteln herum legen Sie Seile als Begrenzungslinien (mit etwas Abstand zu den Schachteln), damit die Kinder den Legostein o. Ä. werfen müssen und ihn nicht nur in eine Schachtel fallen lassen. Auf allen vier Seiten des Schachtel-Viereckes stellen Sie kleine Wurfgegenstände bereit.

Die Kinder verteilen sich nun auf allen Seiten des Viereckes, jenseits der Seile. Aufgabe ist es, die Wurfgegenstände in möglichst verschiedene Schachteln zu werfen.

Tipp

Um die Schachteln optisch attraktiver zu gestalten, malen Sie innen große, farbige Punkte.

Den Schlitten ziehen

Das brauchen Sie dafür
pro Kind eine Schachtel, ein Stofftier und ein Stück Schnur, einen spitzen Gegenstand; einige Kissen; eine Langbank

So geht es

Bohren Sie mit einem spitzen Gegenstand jeweils ein Loch in eine Schmalseite der Schachteln (= „Schlitten") und befestigen Sie ein Stück Schnur daran.

Die Kinder setzen ein Stofftier in die Schachtel und ziehen den „Schlitten" durch den Raum. Der Schlitten kann langsam und schnell, in Kurven oder im Kreis gezogen werden.

Variante 1
Legen Sie einige Kissen als „Hügel" aus. Über diese können die Kinder ihre Schlitten ziehen.

Variante 2
Lassen Sie die Kinder ihre Schlitten auf einer Langbank ziehen.

Leg dich aufs Kissen!

Das brauchen Sie dafür
pro Kind ein Kissen, Musik

So geht es

Verteilen Sie die Kissen mit etwas Abstand voneinander auf den Boden. Nachdem Sie die Musik eingeschaltet haben, laufen die Kinder zwischen den Kissen herum. Wenn die Musik aufhört, läuft jedes Kind zu einem Kissen und legt sich mit dem Kopf darauf. Anschließend wird wieder die Musik eingeschaltet und die Kinder laufen herum.

Variante 1
Vor jeder Laufrunde können Sie vorgeben, wie sich die Kinder bewegen sollen, z. B. wie ein Elefant trampeln, wie ein Vogel fliegen oder wie eine Katze schleichen.

Variante 2
Rücken Sie nach obigem Spiel die Kissen so nah zusammen, dass die Kinder mit einem Schritt von einem zum nächsten Kissen gelangen. Die Kissen sind „Steine", die in einer großen Pfütze liegen. Aufgabe der Kinder ist es, auf die Steine zu treten oder zu springen, ohne ins „Wasser" zu steigen.

Über Pferdehürden steigen

Das brauchen Sie dafür
3 Stäbe (oder Besenstiele), 12 Kissen

So geht es

Errichten Sie folgendermaßen aus Kissen und Stäben drei Pferdehürden parallel zueinander:

- Legen Sie zwei Kissen mit etwas Abstand voneinander auf den Boden und einen Stab quer darauf (= niedrige Pferdehürde).
- Einige Meter davon entfernt legen Sie je zwei Kissen aufeinander und ebenfalls einen Stab quer darauf (= etwas höhere Pferdehürde).
- Wieder einige Meter davon entfernt legen Sie drei Kissen aufeinander und einen Stab darauf (= hohe Hürde).
- Nun können die Kinder vorwärts und auch rückwärts über die Hürden steigen. Die niedrige Hürde kann auch übersprungen werden.

Variante 1
Wie ein Pferd, auf Händen und Füßen, über die Hürde steigen.

Variante 2
Im Hocksprung überspringen: Beide Hände auf die andere Seite des Stabes auf den Boden aufsetzen, dann beide Füße vom Boden abdrücken und bei den Händen, auf der anderen Seite des Stabes landen.

Tipp
Sie können weitere „Stationen“ zur freien Beschäftigung errichten, z. B. Reifen im Reifenhalter, einen Kriechtunnel oder Matratzen als „Trampolin“.

Wir fahren Auto

Das brauchen Sie dafür
pro Kind ein Kissen

So geht es

Im folgenden Bewegungsspiel ist das Kissen das Lenkrad eines Autos. Erzählen Sie folgende Geschichte und führen mit den Kindern die entsprechenden Bewegungen aus:

Vorsprechen	Mitmachen
Wir steigen ins Auto und lassen den Motor an: brumm, brumm!	Kissen in beiden Händen halten, Motorgeräusche machen
Nun fahren wir los. Wir fahren viele Kurven.	durcheinanderlaufen, Links- und Rechtskurven im Wechsel
Wir fahren über viele Berge: hinauf, hinunter, hinauf …	im Wechsel das Kissen nach oben und nach unten halten
Oh je, die Straße wird ganz holprig. Wir werden durchgeschüttelt.	im Stehen oder im langsamen Lauf den Körper schütteln
Die Straße ist wieder normal, wir können wieder schneller fahren.	schneller durcheinanderlaufen
Jetzt suchen wir einen Parkplatz und steigen aus.	stehen bleiben, Knie im Wechsel – für das „Aussteigen“ – hochziehen

Auf Elefanten reiten

Das brauchen Sie dafür
Decken, pro Kind ein Kissen

So geht es

Legen Sie längs zusammengefaltete Decken hintereinander auf den Boden zu einer „Elefantenstraße". Erklären Sie den Kindern, dass Elefanten manchmal Lasten, die für Menschen viel zu schwer sind, auf dem Rücken tragen, z.B. Baumstämme.

Die Kinder gehen am Anfang der Elefantenstraße in den Vierfüßlerstand. Legen Sie jedem Kind ein Kissen als „schwere Last" auf den Rücken. Damit krabbeln die Kinder nacheinander vorsichtig die Elefantenstraße entlang und passen auf, dass das Kissen nicht hinunterfällt.

Variante
Die Kinder bilden Paare. Jeweils ein Kind spielt den Elefanten, das andere Kind den Reiter. Der Elefant geht in den Vierfüßlerstand, der Reiter setzt sich auf den Rücken des Elefanten. Wer möchte, kann ein Kissen zwischen Reiter und Elefant legen. Nun reiten alle die Elefantenstraße entlang.

Eine ganz bestimmte Farbe suchen

Das brauchen Sie dafür
verschiedenfarbige Wäscheklammern (ca. 8 Stück pro Farbe), mehrere Sammelbehälter (z. B. Plastikschüsseln)

So geht es

Verteilen Sie die Wäscheklammern in die Sammelbehälter; die Klammern können, müssen aber nicht nach Farben sortiert sein. Behalten Sie pro Farbe eine Wäscheklammer zurück. Nun erhalten ein bis zwei Kinder einen Behälter und verstecken die Klammern in der Umgebung, z. B. im Gras, hinter einem Baum, im Sandkasten usw.

Sind alle Klammern versteckt, kommen die Kinder mit den leeren Behältern zu Ihnen. Nun erhalten sie den Auftrag, eine ganz bestimmte Farbe zu suchen. Um den Kindern deutlich zu machen, welche Farbe sie suchen sollen, legen Sie je eine Klammer in der entsprechenden Farbe in ihre Behälter.

Die Kinder machen sich nun auf die Suche. Die gefundenen Klammern legen sie in die Behälter. Bei einer neuen Runde suchen die Kinder dann eine andere Farbe.

Tipp
Dieses Spiel kann auch mit anderen verschiedenfarbigen Gegenständen gespielt werden, wie z. B. mit Ostereiern oder mit angemalten Steinen. Das Spiel eignet sich auch gut für draußen.

Seifenblasen platzen lassen

Das brauchen Sie dafür
Seifenblasen

So geht es

Pusten Sie Seifenblasen möglichst hoch in die Luft. Die Kinder versuchen nun, mit einer Hand die Seifenblasen zu berühren, damit sie platzen. Kinder, die springen können, springen mit beiden Beinen vom Boden ab und lassen eine Seifenblase während des Sprungs zerplatzen.

Variante 1
Mit der anderen Hand die Seifenblase berühren, damit sie platzt.

Variante 2
Die Seifenblase mit beiden Händen „zerklatschen".

Variante 3
Mit einem Gegenstand (z. B. einer kleinen Sandschaufel) die Seifenblase platzen lassen.

Variante 4
Mit einem Fuß (dabei muss nicht gesprungen werden) die Seifenblase zerplatzen lassen.

Tipp
Dieses Spiel eignet sich auch gut für draußen.

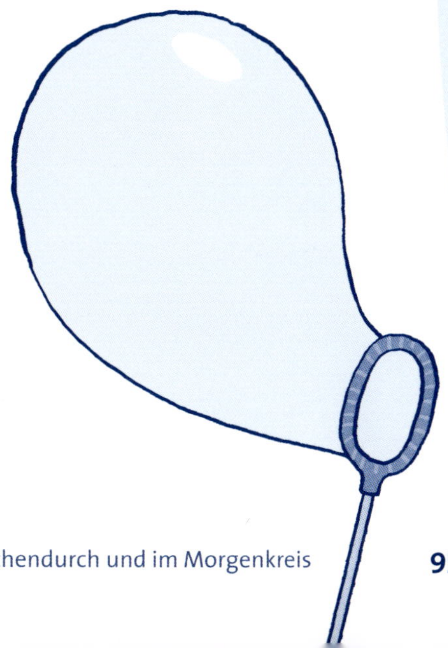

Ich bin der Zauberer Stachelbein

Das brauchen Sie dafür
ca. 5 Seile, einen Stab (z. B. kurzer, gerader Stecken), ein Stück Geschenkband (etwa 50 cm)

So geht es

Knoten Sie ein Stück Geschenkband an einen Stab (= „Zauberstab“). Legen Sie anschließend die Seile zu einem Kreis (= „Zauberkreis“). Der Kreis sollte so groß sein, dass alle Kinder darin Platz finden. Die Kinder gehen nun in den Zauberkreis und bleiben dort stehen. Stellen Sie sich mit dem Zauberstab vor die Kinder und bewegen ihn nach links und rechts. Dabei sprechen Sie mit geheimnisvoller Stimme: „Ich bin der Zauberer Stachelbein und ihr sollt alle Flugzeuge sein!“

Nun verlassen die Kinder den Zauberkreis und ahmen Flugzeuge nach. Nach einiger Zeit gehen die Kinder zurück in den Zauberkreis und eine neue Verwandlung beginnt.

Beispiele für Verwandlungen: Hund, Katze, Frosch, Elefant, Eule, Tiger, Hase, Giraffe, Hubschrauber, Feuerwehrauto, Zug.

Tipp
Mit den passenden Geräuschen macht die Verwandlung noch mehr Spaß!

Spiele für draußen

LAUFEN UND FANGEN
VERSTECKEN UND SUCHEN
SINNESSPIELE MIT NATURMATERIALIEN
SPRINGEN UND WERFEN

Das Außengelände eignet sich besonders im Frühling und Sommer für lustige Bewegungsspiele. Aber auch an schönen Herbst- und Wintertagen lässt sich hier eine Menge unternehmen. Soll es mal etwas ruhiger zugehen, so können Suchspiele oder Sinnesspiele mit Naturmaterialien eine nette Alternative zu den bewegungsintensiven Spielen sein.

Liebe Bären, wie lange schlaft ihr noch?

Das brauchen Sie dafür

eine Decke

So geht es

Erzählen Sie den Kindern, dass Bären den Winter über in einer Höhle schlafen und sie im Frühling wieder verlassen.

Anschließend spielen einige Kinder mit Ihnen „Bären" und gehen dafür in die Hocke. Über die „Bären" wird eine Decke als „Höhle" ausgebreitet. Die anderen Kinder stellen sich mit einem weiteren Betreuer um die „Bärenhöhle" und fragen lautstark: „Liebe Bären, wie lange schlaft ihr noch?" Sie und die Kinder aus der „Bärenhöhle" antworten: „Drei Wochen". Nun klatschen alle Außenstehenden dreimal in die Hände und zählen „eins – zwei – drei". Bei „drei" kommen die „Bären" unter der Decke hervor und versuchen, die anderen Kinder zu fangen.

Tipp

Sie können ein Ziel in einigen Metern Entfernung festlegen, zu dem die Kinder rennen. Jüngere Kinder beim Laufen an die Hand nehmen.

Lauf, Pferdchen, lauf!

Das brauchen Sie dafür

pro Paar einen ca. 30–40 cm langen, stabilen Stecken und eine dickere Schnur (ca. 1, 50 Meter lang, am besten farbig)

So geht es

Verknoten Sie an den beiden Enden des Steckens die zwei Enden der Schnur. Fertig ist das Pferdegeschirr! Die Kinder bilden Paare.
Ein Kind spielt das Pferdchen, steigt in das „Pferdegeschirr" und hält den Stecken in Hüfthöhe mit beiden Händen fest. Das andere Kind spielt den „Kutscher" und hält die Schnur fest. Nun setzt sich das Pferdchen in Bewegung. Der Kutscher kann Kommandos geben, wie „Hü!", „Schneller laufen!" oder „Brr!" (für „stehen bleiben").

Das sollten Sie beachten

„Kutscher" und „Pferdchen" sollten etwa die gleiche Laufgeschwindigkeit haben. Vor allem jüngere bzw. langsame Kinder sollten als „Kutscher" kein zu schnelles „Pferdchen" haben, da sie die Schnur sonst kaum halten können.

Tipp

Es ist zwar ein gewisser Aufwand, das „Pferdegeschirr" herzustellen, aber Sie können es immer wieder verwenden. „Pferdchen spielen" kommt bei den Kindern immer gut an!

Rennen wie ein Hase

Das brauchen Sie dafür
eine Handtrommel

So geht es

Sprechen Sie mit den Kindern darüber, dass es Tiere gibt, die sich sehr schnell bewegen können (wie z. B. der Hase), Tiere, die sehr langsam sind (wie der Igel), und Tiere, die extrem langsam sind (wie z. B. die Schnecke).

Schlagen Sie anschließend sehr langsam die Trommel und rufen den Kindern „Schnecke!" zu. Daraufhin bewegen sich die Kinder sehr langsam. Nach kurzer Zeit trommeln Sie etwas schneller und rufen „Igel!" Auch die Kinder gehen nun etwas schneller. Schließlich trommeln sie sehr schnell und rufen „Hase!": Die Kinder rennen so schnell sie können.

Die Zurufe können in beliebiger Reihenfolge erfolgen: Wenn z. B. „Hase" direkt nach „Schnecke" gerufen wird, müssen die Kinder rasant beschleunigen. Rufen Sie „Schnecke" direkt nach „Hase", müssen die Kinder stark abbremsen.

Liebe Kinder, hört gut zu ...

Das brauchen Sie dafür
eine Unterlage (z. B. eine Plastiktischdecke, Plane oder Decke)

So geht es

Legen Sie zu Beginn einen Ort fest, zu dem die Kinder flüchten können. Markieren Sie diesen Ort mit einer Unterlage, die sie dort ausbreiten.

Die Kinder verstecken sich allein, gemeinsam oder in kleinen Gruppen. Nachdem Sie mit dem Rücken zu ihnen eine Weile gewartet haben, klatschen Sie in die Hände und rufen lautstark: „Liebe Kinder, hört gut zu, ich finde euch gleich im Nu!"

Nun begeben Sie sich auf die Suche. Haben Sie ein bzw. mehrere Kinder in einem Versteck entdeckt, so können die Kinder vor Ihnen weglaufen und zur ausgebreiteten Unterlage flüchten. Damit es den Kindern Spaß macht, sollten Sie sie gar nicht oder nur selten fangen. Das Spiel endet, wenn alle Kinder gefunden und verfolgt wurden.

Wer will eine Dusche?

Das brauchen Sie dafür
eine Plastiksprühflasche mit kaltem oder lauwarmem Wasser

So geht es

Dieses erfrischende Spiel ist für warme Sommertage geeignet. Die Kinder ziehen am besten ihre Kleidung aus. Fragen Sie zunächst, wer eine „Wasserdusche" haben möchte. Zeigen sie dabei an sich selbst, wie das funktioniert (z.B. am Arm). Die Kinder wählen sich aus, auf welchen Körperteil das Wasser gespritzt werden soll (Arm, Bein, Bauch, Rücken).

Sobald die Kinder mit der Wasserdusche vertraut sind, können sie sich in der Umgebung verstecken. Sind alle Kinder versteckt, gehen Sie auf die Suche. Haben Sie ein Kind gefunden, erhält es eine erfrischende Dusche.

Das sollten Sie beachten
Es können auch Kinder eine Wasserdusche austeilen. Weisen Sie dann darauf hin, dass nicht ins Gesicht gespritzt werden darf.

Variante
Statt sich zu verstecken, können die Kinder auch weglaufen. Haben Sie ein Kind eingeholt, erhält es eine Dusche.

Wo hat sich mein Hund versteckt?

Das brauchen Sie dafür
keine Materialien erforderlich

So geht es

Sprechen Sie mit den Kindern kurz über Hunde. Erzählen Sie ihnen, dass Hunde gern spazieren gehen und dass es auch manchmal vorkommt, dass Hunde weglaufen. Die Besitzer müssen dann ihren Hund suchen.

Die Kinder bilden Paare. Ein Kind spielt den Hund, das andere Kind den Hundebesitzer. Nachdem klar ist, welcher Hund zu welchem Besitzer gehört, stellen sich alle Hundebesitzer in einen Kreis und halten sich die Augen zu. Nun rufen Sie: „Alle Hunde laufen davon und verstecken sich!" Daraufhin suchen sich alle Hunde ein Versteck. Haben sich alle Hunde versteckt, rufen Sie: „Die Hundesuche beginnt, sucht euren Hund geschwind!" Nun gehen die Hundebesitzer auf die Suche nach ihrem Hund.

Findet jeder seinen Hund? Wenn nicht, helfen die anderen Hundebesitzer bei der Suche.

Was fühlst du in deiner Hand?

Das brauchen Sie dafür
verschiedene Naturmaterialien, evtl. Augenbinden (z.B. Stirnband oder Schal)

So geht es

Die Kinder sammeln Naturmaterialien, z.B. Blätter, Steine, kleine Äste, Eicheln oder Zapfen, und legen alles auf einen Haufen. Sagen Sie den Kindern den Namen der gesammelten Sachen und lassen Sie sie alles befühlen.

Dann schließt ein Kind die Augen und blickt zur Seite – oder es werden ihm die Augen verbunden. Reichen Sie diesem Kind ein gesammeltes Naturmaterial. Das Kind soll es „blind" befühlen und erraten, was es ist. Hat es damit Schwierigkeiten, helfen Sie ihm, indem Sie beispielsweise fragen: „Ist es ein Blatt oder ein Stein?"

Sind die Kinder mit dem Spiel vertraut, können sie paarweise spielen.

Variante
Ein Kind wird mit verbundenen Augen zu einem Busch, einem Baum o.Ä. geführt. Das Kind darf alles befühlen, die Blätter, die Baumrinde etc., und soll raten, was das ist.

Tipp
Haben Sie keine geeigneten Naturmaterialien im Freien, können Sie bei einem Spaziergang in der Natur (alleine oder mit den Kindern) einige sammeln.

Was kitzelt mich am Arm?

Das brauchen Sie dafür
Naturmaterialien (z.B. Blätter, Steine, kleine Äste, Eicheln, Zapfen)

So geht es

Die Naturmaterialien werden auf einen Haufen am Boden oder in eine Schüssel gelegt. Die Kinder stehen daneben und schieben an einem Arm ihr Kleidungsstück hoch. Streichen Sie nun mit jeweils einem Stück an den Arminnenseiten der Kinder entlang. Unterhalten Sie sich mit ihnen darüber, wie sich das jeweilige Stück anfühlt (kitzlig, kratzig, feucht, kühl ...) und ob es angenehm ist.
Anschließend können sich die Kinder gegenseitig mit den Naturmaterialien über den Arm fahren. Am besten wählen sich immer zwei Kinder ein Stück aus und fahren sich gegenseitig damit über den Arm.

Variante
Das Ganze kann auch als Ratespiel durchgeführt werden: Die Kinder bilden Paare. Ein Kind wählt sich zwei Naturmaterialien aus, schließt die Augen und dreht den Kopf zur Seite. Der Partner fährt ihm zunächst mit dem einen, dann mit dem anderen Stück über den Arm. Kann das Kind erfühlen, was es gerade war?

Ich wühle und fühle

Das brauchen Sie dafür
Naturmaterialien, eine Unterlage (z. B. Plastiktischdecke oder Plane), eine kleine Decke

So geht es

Breiten Sie eine Unterlage aus und legen Sie drei verschiedene Arten von Naturmaterialien darauf (z. B. Steine, Blätter oder Zapfen). Darüber wird eine kleine Decke ausgebreitet. Die Kinder knien sich um die Decke herum.

Greifen Sie nun mit beiden Händen unter die Decke und sprechen Sie mit geheimnisvoller Stimme: „Ich wühle, ich fühle, ich wühle, ich fühle – was hab' ich in der Hand?" Am Ende des Spruches ergreifen Sie ein Stück, z. B. ein Blatt. Die Kinder raten nun, welchen Gegenstand Sie in der Hand halten. Holen Sie nun das Blatt hervor und zeigen es den Kindern. Anschließend greifen die Kinder unter die Decke und suchen ebenfalls nach einem Blatt. Haben sie eines gefunden, holen sie es hervor.

Variante
Ältere Kinder können Ihre Rolle übernehmen.

Igel im Blätterhaufen

Das brauchen Sie dafür
pro Kind eine Kartoffel, Streichhölzer, verschiedenfarbige Filzstifte, eine Unterlage (z. B. Plastiktischdecke oder Plane), abgefallenes Laub

So geht es

Breiten Sie eine Unterlage aus und legen Sie Kartoffeln, Streichhölzer und Filzstifte darauf. Die Kinder knien am Rand der Unterlage und basteln einen Igel. Hierfür an der Längsseite der Kartoffel ein Gesicht aufmalen und ein paar Streichhölzer in die Kartoffel stecken.
Nun tragen die Kinder abgefallenes Laub zu einem Haufen zusammen. Alle Igel werden im Blätterhaufen versteckt. Aufgabe ist es nun, seinen Igel im Blätterhaufen zu finden. „Fremde" Igel, die nicht selbst gebastelt wurden, werden zurückgelegt.

Über Sonnenstrahlen springen

Das brauchen Sie dafür
Straßenmalkreide

So geht es

Malen Sie mit gelber oder roter Kreide einen großen Kreis mit ca. acht langen Strahlen auf den Boden. Fertig ist die Sonne!
Nun können die Kinder über die Sonnenstrahlen steigen, über sie springen oder darauf entlanglaufen.

Variante 1
Statt einer Sonne malen Sie viele bunte Kästchen oder Häuser.

Variante 2
Ältere Kinder malen selbst Linien, Kreise, Vierecke usw., über die sie springen.

Auf Bäume zielen

Das brauchen Sie dafür
einen Baum oder ein anderes Wurfziel, Wurfgegenstände, wie z. B. kleine Zapfen, Eicheln oder Kastanien

So geht es

Legen Sie die Wurfgegenstände etwa einen Meter vom Baum entfernt auf den Boden. Drei bis vier Kinder stellen sich nebeneinander. Wenn Sie mehrere Bäume haben, können sich die Kinder aufteilen, ansonsten führen Sie das Spiel jeweils mit einer kleinen Gruppe durch. Nachdem sich die Kinder ein oder zwei Wurfgegenstände genommen haben, versuchen sie, den Baumstamm zu treffen.

Das sollten Sie beachten
Kinder, die nie oder kaum treffen, dürfen näher an den Baumstamm heran. Die Kinder sollten darauf achten, dass keine anderen Kinder in der Wurfbahn stehen.

Variante 1
Die Kinder versuchen, besonders hoch zu treffen.

Variante 2
Die Kinder halten in jeder Hand einen Wurfgegenstand und werfen mit beiden Händen gleichzeitig.

Wer trifft das Löwenmaul?

Das brauchen Sie dafür
2 Papierteller, 2 ca. 30 cm lange Schnüre, Wasserfarben, einen Filzstift, kleine Wurfgegenstände (wie Zapfen oder Eicheln), eine Schere

So geht es

Malen Sie auf den Vorder- und Rückseiten zweier Papierteller je eine Sonne (z. B. mit oranger und gelber Wasserfarbe im Wechsel; das Sonnengesicht mit Filzstift). Nun bohren Sie jeweils ein kleines Loch am oberen Tellerrand, fädeln je eine Schnur hindurch und verknoten sie. Hängen Sie nun die beiden Teller in Kopfhöhe der Kinder an den Ast eines Baumes oder an einen Strauch und legen Sie die Wurfgegenstände daneben.

Die Kinder stellen sich mit etwas Abstand vor einen Teller und versuchen, mit den Wurfgegenständen die Sonne zu treffen. Wird ein Teller getroffen, schwankt die Sonne etwas hin und her, was den Kindern gut gefällt.

Variante
Sie können anstelle der Sonnen jeweils einen Löwen auf die beiden Teller malen. Oder Sie basteln ein etwas ausgefeilteres Löwengesicht: Malen Sie hierfür auf den oberen Teil des Tellers das Gesicht und die Mähne eines Löwen. Darunter schneiden Sie ein Loch als „Löwenmaul“ aus. Die Kinder versuchen dann, den Wurfgegenstand durch das Löwenmaul zu werfen.

Medientipps

Literaturtipps

Bostelmann, Antje (Hrsg.):
Spielen mit Kindern unter 3: Aktionstabletts, Versteckdosen und weitere Spiel- und Materialanregungen.
Verlag an der Ruhr, 2009.

Charner, Kathy/Murphy, Maureen/Clark, Charlie:
155 Fünf-Minuten-Spiele für die Krippe zum Sprechen, Fühlen, Entdecken und Bewegen.
Verlag an der Ruhr, 2010.

Danner, Eva:
Mit Krippenkindern in Bewegung!
Mitmachideen, Bewegungsspiele und Massagegeschichten für das ganze Jahr.
Verlag an der Ruhr, 2011.

Gnettner, Ingrid:
Mit Händen und mit Füßen will ich den Tag begrüßen.
Fingerspiele und Bewegungsverse für Krippenkinder.
Don Bosco Verlag, 2010.

Suhr, Antje:
Kleine Knirpse – große Sprünge.
Bewegungsspiele für Krippe, Kita und Kinderturnen.
Don Bosco Verlag, 2012.

Links*

http://www.kleinstkinder.de/praxisideen/ernaehrung_bewegung/ernaehrung_bewegung_html
Hier finden Sie Bewegungsspiele, Tipps zum Wohlfühlen und vieles mehr.

* Die in diesem Werk angegebenen Internetadressen haben wir geprüft (Stand Jan. 2018). Da sich Internetadressen und deren Inhalte schnell verändern können, ist nicht auszuschließen, dass unter einer Adresse inzwischen ein ganz anderer Inhalt angeboten wird. Wir können daher für die angegebenen Internetseiten keine Verantwortung übernehmen.

Zur Autorin

Heike Jung wurde 1966 in Fürth geboren, ist seit 1992 verheiratet und hat zwei erwachsene Kinder. Nach dem Abitur folgte zunächst ein sechsmonatiger Auslandsaufenthalt in den USA und Costa Rica, anschließend das Studium (FH) Sozialwissenschaften, Wirtschaft und Recht.

Durch die eigenen Kinder inspiriert, erwarb Heike Jung ihren Übungsleiterschein beim „Bayerischen Landes-Sportverband e. V." und absolvierte verschiedene Fortbildungen im Bereich der Bewegungserziehung für Kinder und Erwachsene. Seit über 15 Jahren ist sie Dozentin an der Volkshochschule Fürth für „Eltern-und-Kind-Turnen".

Zwei Jahre betreute Heike Jung eine Kinderwald-Gruppe vom „Bund Naturschutz" in Fürth; der Wald begeisterte sie als kreatives Betätigungsfeld dabei so sehr, dass sie beschloss, auch Kurse für jüngere Kinder im Wald anzubieten. Dementsprechend leitet sie seit 2003 den Volkshochschulkurs „Die Waldmäuse: Kindgerechte Spiele und Aktivitäten im Wald für Kinder im Vorschulalter". Mehrmals jährlich organisiert sie Walderlebnisausflüge für Familien und gibt Fortbildungen zu diesem Thema. Auch ist sie Autorin von bislang zehn praxispädagogischen Büchern.